JN039961

続・小学6年担任のマインドセット

古舘良純 編著

明治図書

まえがき

はじめまして、古舘良純（ふるだて・よしずみ）です。現在は岩手県公立小学校に勤務しています。17年間で通算11回の6年生担任を経験しました。そのうち、平成28年度から令和4年度までの7年間は7連続で卒業生を送り出しています。

この経歴に一番驚いているのは自分自身です……。

私はこれまで、年度末の調査用紙に「学年希望」を書いたことがありません。管理職の采配に身を委ね、出会った子どもたちと1年を過ごす。その繰り返しだと思ってきました。

極端な話、「学校のコマ」として使ってもらって良いと考えていました。綺麗な言葉で言えば「子どもを選ばない」と言えば良いでしょうか。

しかし、連続して6年生を担任するようになると、いろいろと考えることが増えました。

なぜこのような状況が生まれるのかということです。同じ人間が（2校にわたって）7連続も卒業生を送り出すことなど、普通の状態ではないはずです。

すると、全国には同じように苦しい理由で6年生を担任している先生方がたくさんいることが見えてきました。

ＳＮＳで「６担部屋」というオンラインサークルを企画したところ、大変多くの先生方から参加希望の連絡をいただいたのです。とても嬉しく、心強く思いました。そのサークルでは、日々先生方の悩み相談や情報交換が行われました。

その「６担部屋」のベースにしていた本が令和３年度末に出版した『小学６年担任のマインドセット』（明治図書）でした。厳しい状況で担任を引き受け、日々奮闘されている先生方へのエールのつもりで書き上げた本でした。

ありがたいことに、たくさんの書評をいただきました。

「数年教壇に立っている私にとって、初心に立ち返ることを思い出させてくれた一冊です」

「昔、先輩方に放課後語っていただき、学ばせてもらっていた心の部分が、この本にはしっかり書かれている」

「本書には、実情をなんとかする答えや手段が書かれている訳ではありません。それでもより良い時間を目指すために必要なのは何かを自分で考える、自分を見つめ直すための一冊でした」

など、詰め込んだ以上の価値を引き出していただくことができました。

反面、「6年生担任がそんなに偉いのか」「これまで担任してきた先生方に感謝しろ」「こういう奴が力があるとか勘違いするんだ」という言葉もたくさん飛んできました。

SNSで卒業を喜ぼうものなら、横槍が入ってくる状態でしたし、私以外の先生のツイートが叩かれている様子も見てきました。本当に残念でした。

もしかしたら、「これまで先生方がたくさんご指導してくださったおかげです。ありがとうございました」と、肩身の狭い思いをしながら卒業させていく先生がたくさんいるのではないかと思いました。胸が痛くなる思いでした。

そこで、「小学6年担任」のネットワークを広げる、交流する機会を生み出そうと考えました。いい意味で手段を示しつつ、現状を打開していくためのヒントになる本を書こうと思いました。『小学6年担任のマインドセット』を教科書にしながら、実践を束ねてみたいと構想しました。それが、本書です。

本書は、全国の小学6年担任の先生方7名に協力していただき、書き上げることができました。『小学6年担任のマインドセット』を読んだ先生方が各教室で実践し、教室の事実をまとめた本です。心構えさえできれば、誰でも、どんな教室でも素敵な事実が積み上がっていくことを証明した本だと思っています。本当に感謝しかありません。

本書は、一つのチャプターが4ページで完結になっています。内3ページは先生方の実践が書かれており、残り1ページは私が担当しています。3ページの実践に対する「古舘の視点」を1ページで書いていると考えてください。

お読みになる際は、それぞれの実践の背景も考えながら読んでいただけると幸いです。その学級に即した形で実践が書かれていると捉えていただきたいと思います。万人に通じる手法を示そうと思って書いていないからです。先生方が実態に合わせてご実践された「一案」として出しました。決して、「正解」ではありません。

ただ、実践を追試してみる価値はあると思います。自分なりに工夫してブラッシュアップしていくことが可能だと思います。代案が思いつくかもしれません。

言い方は悪いのですが、本書をいい意味で踏み台にし、より良い学級づくりにつなげてほしいと思います。ただし、マインドセットはそのままに。

本書が、6年生を担任するすべての先生方のお守りになるような、いつでも寄り添えるような一冊になることを願い、まえがきとさせていただきます。

古舘　良純

目次

仕組みづくりの指導アイデア

授業づくりの指導アイデア

行事の指導アイデア

ほめ方・叱り方の指導アイデア

働き方のアイデア

小学6年担任の指導&働き方アイデア

idea

01 引き継ぎ

6年生だからこそ確認すべきこと

初めて6年生の担任をし、子どもたちと出会ってから1か月くらいのときのことです。ある男の子が掃除の時間に掃除をしていなかったため、「はやく掃除に戻りましょう」と少し厳しい口調で注意をしました。すると、それから不機嫌になり掃除に戻りませんでした。

その後、机に伏せたまま1時間を過ごしてしまいました。途中何度も声をかけましたがどうにもできず、主任の先生からその子に声をかけてもらい何とか話を聞くことができました。

様々な先生が「大丈夫？」と声をかけてくださいました。その中の一人にその子を3年生のときに担任した方がいました。「○○くんね、3年生のとき、俺も結構似たようなことになってね……だいぶ自分のことを話せるようになったんだよ」と教えてくれました。

そのとき、私はこの子の背景をわかったようで何も知らないなと思いました。**6年生だからこれくらいできて当然だという自分の思い込み**がいかに浅はかだったかを感じました。

そこで、引き継ぎでは次のようなことを確認しています。

【過去の事実の確認】

家族編成・連絡先・住所などもそうですが、その子と保護者が、どのように学校や教師と関わってきたかという過去の事実を確認するようにします。

・「○○」という約束を合言葉にして頑張っている。

・「□□」ができるようになってきている。

などの過去から現在進行形で取り組んでいる事実も確認をします。

【担任の想い・願いの確認】
・先生は○○さんとどのような関わりをしてきたのですか。
・先生は○○さんが成長したなと思うことはどんなことですか。
・先生は保護者の方とどんなお話をされてきたのですか。
・先生がもう一度担任をするとしたら、どんな風に接したいですか。
このように**ポジティブな話になるように**確認を行います。文字にすると少し堅苦しい感じがしますが、コーヒー片手に雑談をするように尋ねます。

想い・願いを引き継ぐアンカーになる

子どもも、保護者も、教師も、現状をより良いものにしようと日々奮闘しています。そうした**過去の積み重ねの上に**6年生があります。新しく出会って自分の目で子どもたちを見ようという気持ちに加え、背景を知ることでより良い関係を築いていきましょう。

古舘の視点

引き継ぎがうまく機能しない訳

小宗先生は、「この子の背景をわかったようで何も知らないな」とおっしゃっていました。なぜ引き継ぎをしたにも関わらず、こうしたことが起きてしまったのでしょうか。

それは、引き継ぎが無限にできると思っているからです。

当たり障りない学力や、生活の様子、友だち関係などを思いつきで、ダラダラと話しているからそうなるのです。

「あなたが今年も担任だとしたら何をしますか？　それはなぜですか？」

「伝えられることが三つだけだとしたら何を伝えますか？　それはなぜですか？」

こうして、限定して問うと、本気になって引き継ごうとするはずです。

本気で子どものことを思っていないから、「引き継いだ」という既成事実だけが生まれ、内実の伴わない「伝達事項」が子どもを苦しめることになるのでしょう。

そんな引き継ぎなら無くしたほうが良いと思います。

そして、もし行うなら本当に聞きたいことを聞いてみるべきですね。

02 初日にやっておきたいこと

1年間の希望に満ちあふれる初日に

新しい教室に入って荷物を整理させ、大量の配布物と教科書を配布し、自己紹介が終わったら入学式の準備へ…と、バタバタと動き続けなければいけない初日です。それをこなすだけの1日にしてしまっては、**「6年生って、めんどくさいなあ」とネガティブな気持ちのまま初日を終えてしまう**かもしれません。子どもたちに1年間の希望をもたせる初日にするためにも、「声かけ」「語り」を意識して初日に臨みます。

慌ただしい活動の中で、「関心を寄せる声かけ」「感動を伝える声かけ」を通して子どもとつながり、帰りの会は「ねがいを共有する語り」で締めくくります。

子どもとつながる「関心を寄せる声かけ」「感動を伝える声かけ」

子どもとつながるためにも、必ず名前を添えて笑顔で声をかけるように心がけます。

〈関心を寄せる声かけ〉
「おはよう○○さん、元気？」【あいさつはコミュニケーションの入り口】
「○○さんは●●が好きなの？」●●＝服のキャラクターや色等【きっかけづくり】
「●●が好きなんだ。先生も○○さんといっしょでさ…」【関心を寄せる】

〈感動を伝える声かけ〉

「元気なあいさつだね。気持ちがいいなあ」「素敵な笑顔だね。好きだなあ」

「良い姿勢だね。かっこいいなあ」「落ちていたゴミを拾ってくれたの？　うれしい」

「キレイな教室だと1年生も喜ぶだろうなあ。○○さんのおかげだよ、ありがとう」

アイメッセージで伝えることで、子どもたちはより先生の思いを受け取ってくれます。具体的にどんな声かけをするかは、その日に子どもたちと出会ってみないとわかりません。しかし、どんな声かけをするか、心構えとしてもっておくことはできます。また、その日に活動が多いのであれば、むしろその分だけ「ほめる」チャンスも潜んでいるのではないでしょうか。感動・共感ベースで子どもたちを「みる」ことを心がけます。

大好きな子どもたちと「ねがいを共有する語り」

活動の合間に子どもとつながることで、帰りの会での教師の言葉はより心に響きます。


「今日は6年●組の素敵な姿をたくさん見ることができて、とても嬉しかったです」

「先生は、この6年●組がとっても大好きです。卒業を考えると、もう寂しいです」

「この教室を、全員で力を合わせて素敵な教室にしていきましょう」

「その仲間に、先生も入れてくださいね」

エネルギーが満ち溢れた初日。「ねがい」を共有し、希望がもてる初日にしたいですね。

古舘の視点

何を言うかよりも、どんな人かを見ている

岡先生は、「具体的にどんな声かけをするかは、その日に子どもたちと出会ってみないとわかりません」とおっしゃっています。その通りです。子どもたちと会わずにメッセージだけを用意するのは、難しいことです。

もちろん、「みんなと出会うことを心待ちにしていた」のような喜びや嬉しさは準備しておいてよいでしょう。自己紹介もそうです。

しかし、６年生はそんな予定調和的な話を感じとります。社交辞令的な挨拶はすぐに見抜き、一瞬で「この先生」を判断します。

つまり、「何を話したか」よりも「どんな態度で向き合ったのか」を見ているのです。

ぜひ、「声かけ」や「語り」の事例を参考にしていただくとともに、眼差しが熱く温かいこと、表情が穏やかで微笑んでいること、上半身がリラックスし、下半身はどっしり構えていることなどを意識して初日を迎えてください。

きっと、「この先生と」と感じ取ってくれることでしょう。

03 自己紹介での話

関係性づくりは、知ることから

新年度、担任は出会う子どもたちに学年のテーマや担任としての思いを語ります。これは、とても大切なことですが、私はそれだけでは不十分だと感じています。

これから1年間をともにするうえで、まず大切なことはお互いを知ることです。お互いのことを知り、関係性が築かれていくことで、教室は安心できる場所となり、子どもたちの大きな成長へとつながっていくのです。

そこで、お互いのことを知るために自己紹介をします。私は、ただの自己紹介ではなく、ゲーム要素を取り入れた自己紹介をしています。

「おたずねゲーム」でつながる

自己紹介では、「おたずねゲーム」でつながるようにします。次の流れで行います。

【事前】子どもが、担任に質問したいことを考える（必要に応じて書く）。
【活動】①子どもが、自分の名前＋ひとこと（よろしくお願いします等）を言う。
②担任に質問する前に、子どもが自分のことについて担任に教える。
（例）僕は、サッカーが好きなのですが、先生はサッカーは好きですか？
私が好きな教科は国語です。先生の好きな教科は何ですか？
③担任は、子どもの質問に答える。
※事前に、教師が子ども役となりデモンストレーションを行う。
【事後】「みんなのことを知ることができてうれしい。これから1年間、お互いのことを知り合って、すてきな1年にしよう」という担任の思いを伝える。

6年生になると、担任と子どもの興味や関心が共通することがあります。互いの共通点

が見つかると、子どもたちは、より担任に親近感がもてるのではないでしょうか。

■担任が楽しむこと

「おたずねゲーム」で意識したい5つのポイントは次のとおりです。

①拍手や笑顔、オーバーリアクションを大切にする。【教室の空気をあたためる】
②「エピソード（失敗談など）」を交えて質問に答える。【教師の自己開示】
③プライベートな質問（答えにくい質問）には、ボケたり、すかしたりする。
・C「給料はいくらですか？」↓T「りんご3つです」
・C「恋人はいますか？」↓T「仕事が恋人です」など【失敗感を与えない】
④①～③をテンポ良く行う（できるだけ間をあけない）。【質問しやすい空気づくり】
⑤ある子どもの質問に対する学級の反応を観察する。【学級づくり】

古舘の視点

知らないことは怖いこと

安心感を教室に生み出したい。多くの先生方がそう思うはずです。安心感の反対が不安感だとすれば、その不安は「知らないこと」に起因するのではないでしょうか。教室のルールや、当番活動のしくみがわからない。宿題のシステムがわからない。学級の新しい友達のことがわからない。自分の立ち位置がわからない。そして、担任の先生のことがわからない……などです。

この「知らないこと」の多くを解消していくために、「まず担任のことを知ってもらおう」と笹部先生は「おたずねゲーム」に取り組んだのではないでしょうか。あくまでゲームは手段で目的は関係づくりです。

なお、「プライベートな質問」に対する指導では、「ボケる・すかす」という切り返しを紹介していますが、それが「逃げた」と捉えられないようにすることが大切です。それが、笑顔やテンポなどの教師のパフォーマンスにかかっているように感じます。

場合によっては、そういう質問は控えるように事前指導することもおすすめします。

04 リセット・リスタート術

どの子も成長すると信じる

子どもたちが変わらないとき、担任自身が子どもたちの見方をリセットすることができていないということがあると思います。先入観で見たり、ラベルを貼ったりせず「どの子も絶対に成長する」と信じることが、子どもたちの成長や変容につながるのです。

「どの子も絶対に成長する」と信じるためにできることを一つだけ挙げるとするなら、**担任が自分自身の過去を振り返る**ことだと思います。最初から今の自分があるわけではないはずです。今までの自分の成長や変容を自覚することができれば、「目の前にいる子どもたちもきっと成長できる」と信じることに一歩近づけると思います。

人は変わることができる

新学期初日。6年生は「最後の1年を頑張るぞ！」という思いで学校に来ます。そんな子どもたちに必要なことは、担任の後押しです。そこで、始業式の日に次のような言葉かけをします。

・「人は自分次第で変わることができる。6年生で生まれ変わろう！」
……「本当は変わりたい」と思うリセットの気持ちを押すため
・「変わろうと努力している今が、成長している証です！」
……自分自身で良い方向に変えようとしているリスタートの心を自覚させるため

誰だって一人で頑張り続けることは難しいと思います。

しかし、それを認め、励ましてくれる人がいれば、頑張りたいという気持ちをもち続けられるはずです。特に6年生という節目での効果は計り知れません。その役目を率先して引き受けることが、担任にできる役目です。

あるとき、子どもたちが、「去年まではできていなかったけど、今はできているんです」と伝えてくれることがありました。その子への見方をリセットしてよかったと感じた瞬間でした。

周囲へのアプローチ

5年間同じ学校で過ごしてきた子どもたちです。「○○さんはこんな人」という先入観があります。そのため、周囲の子どもたちの「あの子」に対する見方もリセットします。

「○○さんはこういう風に変わってきたよね」
「○○さんのこういうところが素敵だと思わない？」

と、周囲の子どもたちに対して大袈裟に問いかけるようにします。そのようにして、**周りの子たちから見た「あの子」の見方もリセットする**のです。

古舘の視点

「最後の1年」という言葉の重み

新学期初日に必要なこととして、「担任の後押し」が挙げられていました。

ここに、前田先生の立ち位置が詰まっているように思います。教師主導で進めるわけではないが、すぐ後ろでいつでも支えられる場所に立っている。そんな立ち位置です。子どもたちにしてみたら、心強いに違いありません。

心機一転、子どもたちは6年生に挑みます。経験したこともない「最高学年」という看板を突然背負い、様々な立場や仕事が舞い込みます。そんなとき必要になってくるのは、やはり後ろ盾になってくれる担任ではないでしょうか。安心感に支えられた子どもたちは、きっと自分たちの力を思う存分発揮しようとするはずです。

ポイントとしては、いずれ子どもたち同士がそうした支え合いを成立させていく未来を前田先生が描いていることです。

個々のリセットと同時に、学級集団としてのリセットをねらっている点が、最後の1年をどうスタートさせようかというマインドそのものですね。

05 初心の保ち方

「願い」をもつ

「4月は子どもたちをたくさんほめていたが、最近全くほめていない……」「学年目標・学級目標の掲示物が景色と化している」と、年度途中にふりかえって反省することがあります。これは、「年度終わりの3月に、どんな子どもに成長してほしいのか？」という「願い」を明確にもてていないことが原因です。

私は、6年生を担任するにあたり、「優しい心でつながってほしい」という「願い」をもってスタートしました。その「願い」を、「学年目標」「学級通信のタイトル」「学級開きの黒板」を通じて発信し、「学級目標」で子どもたちと共有することを意識しました。

教師の「願い」を発信する

①学年目標（学年便りのタイトル）「以心伝心」
②学級通信のタイトル「flower」
③学級開きの黒板「子どもたちの名前＋花のイラスト（花さき山）」

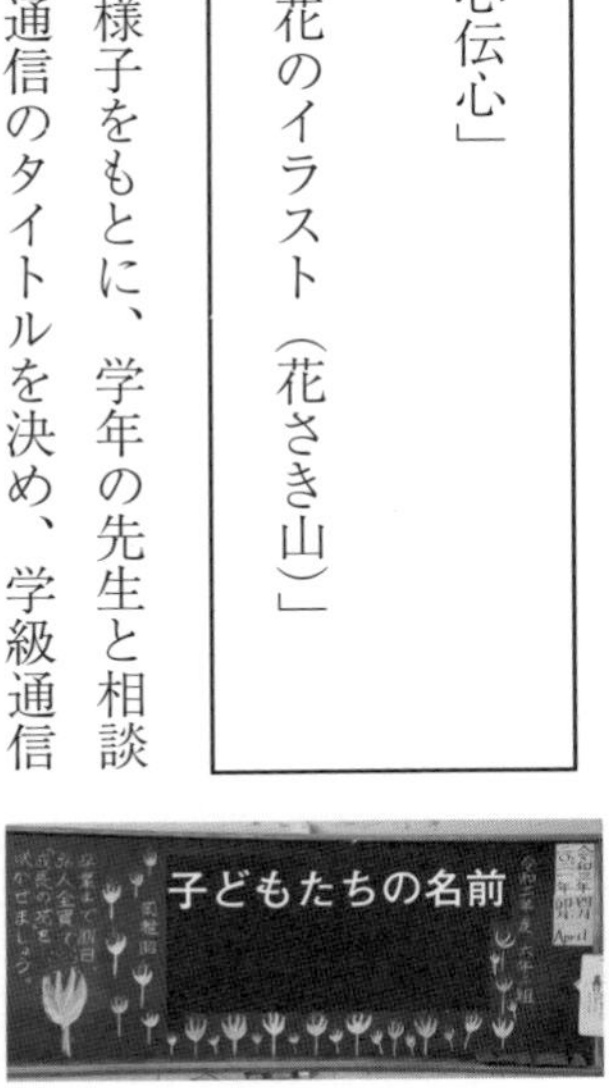

引き継ぎで聞いた前年度の子どもたちの様子をもとに、学年の先生と相談して学年目標を決めました。そこから学級通信のタイトルを決め、学級通信第1号と学級開きの黒板で、担任の「願い」を子どもたちに伝えました。

「優しい心でつながってほしい」という「願い」をもっているからこそ、「体育で失敗したときに『ドンマイ』と声をかけてあげている姿」「算数でわからなくて困っているときに『大丈夫?』と声をかけて教えてあげている姿」「落とし物を拾ったり、ノート等の配り物を配ったり、進んでクラスのために行動している姿」等、「優しい心」が見える姿をほめることができます。そのような姿を朝の会や帰りの会で伝えたり、学級通信で発信したりすることで、クラス全体に「感化の輪」を広げていくことができます。

子どもたちと「願い」を共有する

数か月過ごし、子どもたちと話し合って学級目標**「立北（立花北小）ー教え合い　コミユニケーション力あふれるクラス」**を決めました。

教師の「願い」を発信している内に、その「願い」は子どもたちにも浸透していくので、学級目標にも教師の「願い」が反映されます。そこからは、ほめるときにも学級目標を意識します。「算数で教えてもらった子が、体育では困っている子に教えてあげている」「話しやすい人以外とも話し合い・教え合いをしようとしており、交流範囲が広がってきている」「笑顔でリアクションしながら話を聞いている」など、子どもたちと共有した「願い」を意識し続けると、子どもたちの成長に合わせてほめる視点が変わっていきます。

また、成長する子どもたちに合わせてほめるには、教師自身の成長も不可欠です。「願い」を共有しながら、ともに成長し続ける教師でありたいと思います。

古舘の視点

初心が先か、学級通信が先か

学級通信は、多くの先生方がご実践されていると思います。特に卒業学年である6年生では、発行される学級が多いのではないかと推測します。

タイトルには担任の願いが詰まっており、その内容は千差万別です。

しかし、学級通信を出していると週1、2日に1枚、毎日発行など、発行することが目的になってしまう場合があります。ときに目的を見失った学級通信が発行されることも少なくありません。手段が目的化してしまう事例の一つです。

しかし、「発行しなければならない」というマイルールをいい意味で活用し、初心を忘れないための手立てとするのは一つの方法だと考えます。

特に6年生は生徒指導面で複雑化したり、多忙化によって書く時間を確保できなかったりする場合もあります。日常に埋没してしまい「発行できなくなる」こともあるからです。

可視化、文章化された学級通信は、「願い」の共有には一番手っ取り早く、かつ手軽に初心に立ち返る機会です。考え方によっては、かなりコスパが高い実践と言えるでしょう。

06 継続的な指導のポイント

何度も伝えてこそ、指導

「この前、○○って言ったのに」**「最高学年なのに、こんなこともできないの」**と何度も言うことはありませんか。

かくいう私も、聞いたこともあれば言ったこともあります。そんなとき、決まって**6年生の子どもたちに責任を押し付けている**と反省します。

本当に改めるべきは、1度伝えただけで改善されると思っている教師側の心構えなのかもしれません。たった1度伝えて指導事項が改善されるわけがありません。何度も何度もほめたり叱ったりしながら育てていくのです。

指導を見える化する

「何度も伝えてこそ、指導」これに対する具体的な指導法として、私はよく黒板に、伝えたい言葉を書いています。

黒板に書くことで、子どもたちと「今何を考える時間なのか」を共有できます。

例えば「4つの『く』」と書きます。

4つの「く」とは、「書く、頷く、向く、呟く」のことです。

これは、友達の発表を聞く態度が課題のときに書きました。

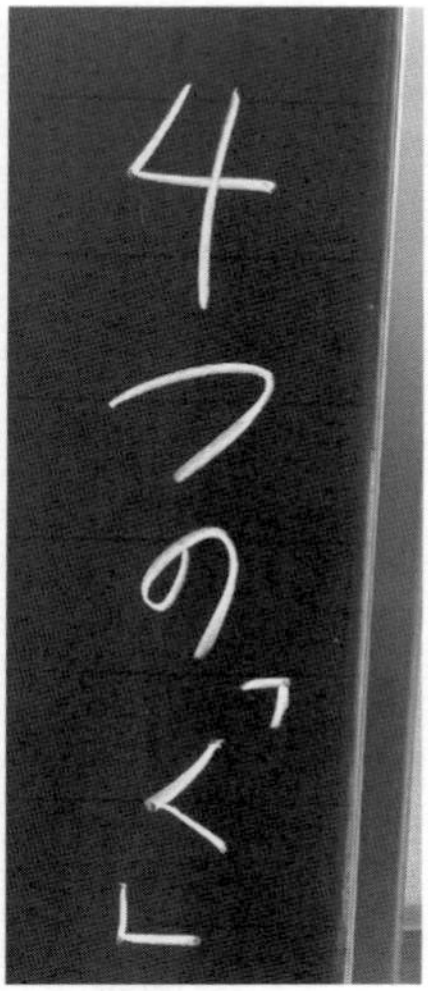

メリットとして、

①いつでも子どもに意識させることができる
②「これだね」と黒板に書いてある文字を指差せば、子どもたちに伝わる
③「4つの『く』だよ」と、子どもたち自身が注意できる

が、挙げられます。

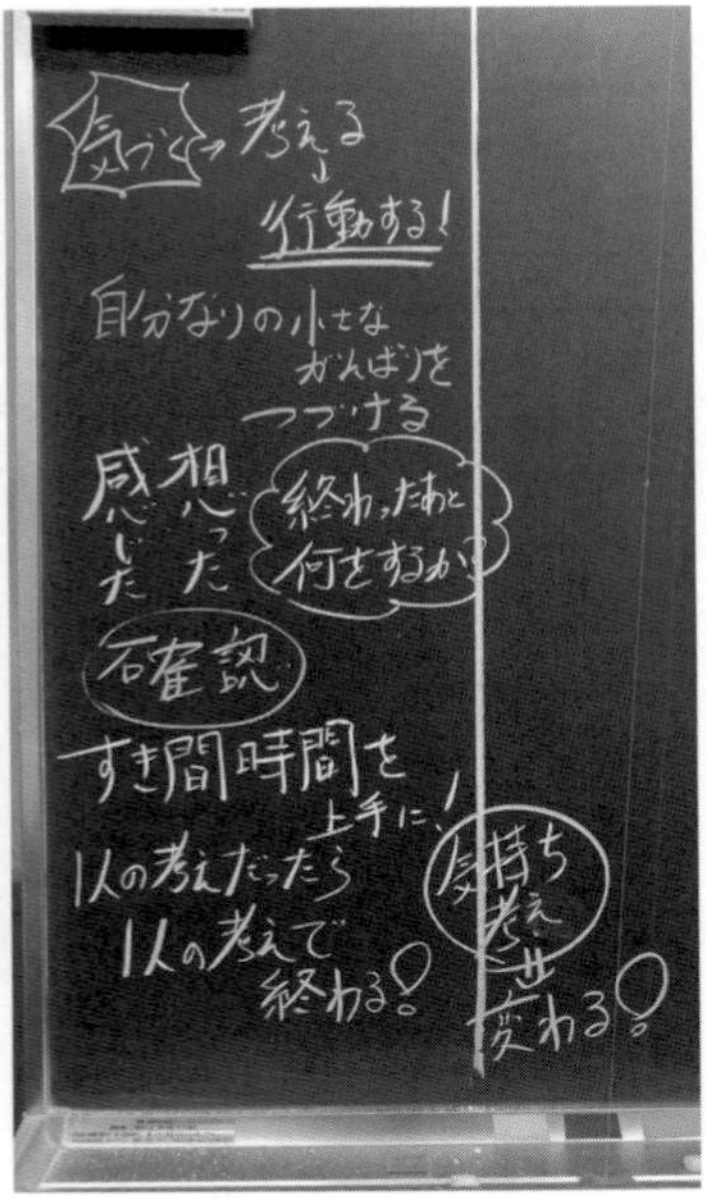

今では、菊池省三先生の「価値語」や「1／5黒板」の実践を参考にしながらブラッシュアップしています。

言葉が増え、子どもたちに継続的に指導するキーステーションになっています。

根っこを意識し、無意識化を目指す〜振り返り、指導を変えて継続する〜

この言葉を、教師側から提示することもありますし、子どもたちの言動から切り取るときもあります。1度伝えても、全員がすぐできるとは限りません。それでも、伝え方を変え、指導を継続します。大切なことは、焦らず諦めずに指導し続けることです。

古舘の視点

「条件付き」をやめる

山中先生の「何度も何度もほめたり叱ったりしながら育てていく」という教師のスタンスに、反論はありません。むしろ、多くの先生方は「すでにわかっている」とも思っていることでしょう。「そんなことは当たり前だ」と周知のことと思います。

ではなぜ、「何度も何度もほめたり叱ったりしながら育てていく」ことが、わかっているのにできないのでしょうか。

それは、ほめたり叱ったりすることが「条件付き」になっているからです。「ほめたらまたよい行いを繰り返す」「叱ったら悪い行いを改める」ように、繰り返したり改めたりするという条件が含まれているのです。

だから、条件を飲まなかった子どもたちに対して不満をもち、「もういい」と諦めてしまうのです。

変な話ですが、親は子に対して無条件の愛を注ぎます。どう育とうと、我が子は我が子です。同じようにではなくとも、子どもたちのことを思えば継続的な指導は当たり前です。

07 カウントダウンとカウントアップ

カウントダウンの問題点

卒業間近となってくると、「卒業まであと〇日」と書いたカレンダーを作成するといった活動をよく取り入れることがあります。この活動を行う理由について考えてみます。

①目標達成への意欲を高める

カウントダウンによって、卒業やイベントなどの目標までの時間を明確にすることで、目標達成への意欲を高めることができます。

②達成感を得られる

カウントダウンを終えたことで達成感を味わわせることができます。

③共同体意識を高める

卒業まであと〇日という掲示物やカレンダーなどを作成することで、学級全員が卒業やイベントへ向けて一丸となることができ、共同体意識を高める効果があります。

ここで問題点について考えてみましょう。卒業まであと〇日という掲示は、卒業への焦りや不安の気持ちにつながるということはないでしょうか。

カウントダウンによって、**残り時間ばかりに意識が向いてしまう**ことが考えられます。

カウントアップで積み重ねる

カウントダウンは、現在から卒業式までの期間に目を向けているのに対して、「6年生が始まって〇日目」のカウントアップは何に目を向けているでしょうか。それは、**「これまでの積み重ね」**と**「これからの生活」**です。

私は、朝の教師の話をGoogleドキュメントにまとめてい

ました。そこで、日々の成長について伝えるとともに「６年生〇日目」の表示を続けました。「〇日目にこんなことを考えたよね」と、**成長の過程**を子どもたちと一緒に振り返ることができます。３月の生活目標の話し合いでは、**これまでの積み重ねからキーワードを自分たちで紡いでいく姿**とともに、**もう一つの成果**が見られました。

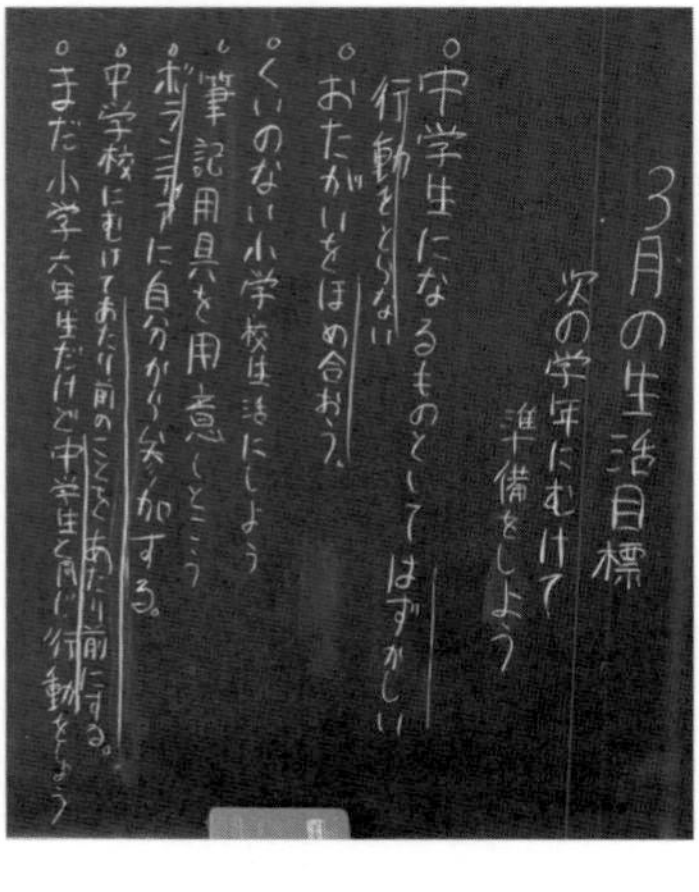

卒業のその先へ

右の写真の話し合いでは、中学校以降の生活に関する意見が多く交わされました。カウントアップの取り組みは０（卒業）で終わらず、**中学校生活も見据えた視点を子どもたちにもたらした**のだと感じています。日々の積み上げを振り返る機会をもつことで、子どもたちは自分たちの活動への肯定感を高め、個人の学級に対する満足感を高めていきます。

古舘の視点

カウントダウンは誰のためにあるのか

上園先生が言うように、卒業まであと○日という掲示は、子どもたちの焦りや不安を煽ってしまうことにつながると考えられます。「1分1秒を大切にしようとするならば、むしろカウントダウンは控えた方が良いと思っています。

もしかしたら、多くの「カウントダウン」が教師のためのものになっているかもしれません。「あと○日で終わる」「あと○日でこれをやらないと」と、教師が卒業までのタスク管理をしていくために自分に言い聞かせているに過ぎないのです。

これはカウントダウンの取り組みが悪いと言っているのではありません。子どもを焦らせ、不安を煽るならやめた方がいいと言いたいのです。

カウントダウンが、子どもたちの気持ちに節を作るものであれば良く、自分で自分の気持ちを中学へ向けていくきっかけになれば良いのです。

子どもたちは卒業を経験したことがありません。まだ見ぬラスト10日間に変に踊らされることなく、過ごしてきた190日に自信をもてばいいのではないでしょうか。

08
不安を拭う語り

不安はあって当たり前

６年年になると、必要以上に周りと比較してしまう、自己肯定感が高まりにくい、強いグループ意識が生まれる、劣等感が芽生えやすいなど、様々な不安が顕著に表出します。

ここで大切なのは、

・「自分の不安に気づく」
・「周りも不安だと気づく」
・「不安をどう乗り越えるか」

です。決して不安自体が悪いものだと思わないことです。

不安を共有する

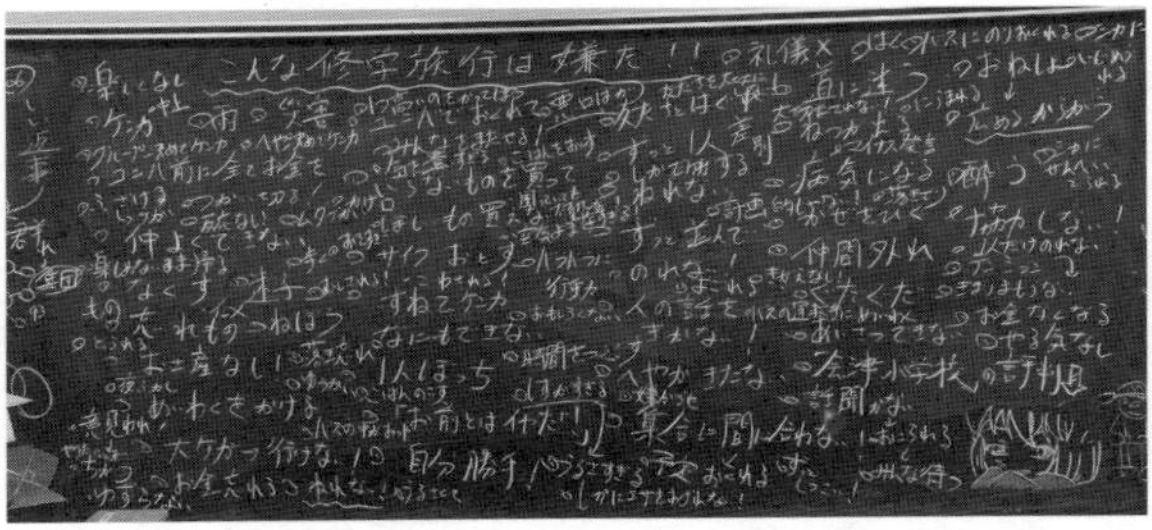

例えば、修学旅行では、「部屋は誰となるのかな」「行動班は誰かな」「仲の良い人と同じ班になれなかったらどうしよう」と、不安を抱えるものです。

そこで、「こんな修学旅行は嫌だ」を子どもたちと考えます。

①個人で「嫌だ」を考える
②近くの人と相談する
③子どもの意見を聞いて黒板に書く
④真っ白になるまで書く

子どもの意見を板書していくと、黒板は真っ白になります。合わせて105個の「嫌だ」が集まりました。

修学旅行後の個人面談では、ある子は、「修学旅行前に、たくさんの『嫌だ』や不安を出せて、スッキリした。みんなも私と同じように、不安があることを知って、安心できて修学旅行に行くことができた」と話ししてくれました。

全員で不安を共有したことで「そうならないための手立て」まで考えることができたのです。「部屋班で修学旅行までに話とかミニゲームがしたい」「班の人の不安なことを聞きたいし、自分の不安なことも知ってほしい」などの意見が出ていたのも、そうした背景からだと考えています。

教師からは

- **不安があるのは当然**
- **でもそれは自分自身だけではない**
- **不安をみんなで共有することが大切**
- **そして、みんなで考えていく姿勢が大事**
- **これからも全員で乗り越えていく**

ことを、子どもたちの姿に重ねて語っていくようにします。

古舘の視点

不安との距離感を認識させる

子どもたちは中学校への不安を感じています。その不安がなくなることはありません。しかし、不安を乗り越えることはできます。不安は消えないけれど、不安に打ち勝つ術はあります。

それが、相対的に不安を小さくするということです。子どもたちは、不安しか見えていないのです。漠然とした不安を言語化することで、その反対側にある希望や夢や憧れなど、明るい未来が見えます。

子どもたちには、言語化や相対化の中で漠然と感じている不安や心配と向き合うようにさせます。どこにどのくらい何が存在しているのかを明確にしてあげるのが教師の役割です。下手な「大丈夫だよ」ほど無責任な言葉はありません。

山中先生は修学旅行での実践を書かれましたが、「こんな中学校生活は嫌だ」でも、たくさんの考えが出てきそうな気がします。

子どもたちに、不安を迎え撃つ力を備えてあげたいと思っています。

09 中学校への送り出し方

「結末」ではなく「過程」を大切に

初めて6年生を卒業させた日、**「過程」ではなく「結末」のみを大切に**したことで、送り出しの時間が延びてしまい、見送りをしてくれる保護者や職員を待たせてしまいました。「終わりよければすべてよし」という言葉の意味を履き違え、最後まで話し込んでしまったのです。

その経験から言えることは、**卒業式当日だけではなく、卒業式までの道のり「過程」を大切にすべきだ**ということです。**「もうやりきった」「伝えることは伝えた」と胸を張って言えるように**、日々の教育活動を充実させるべきなのです。

予定の３分前に

子どもたちを下校させるまでが卒業式です。そこから逆算して当日のタイムテーブルを考えるようにします。

①職員集会の時刻を確認する（12：00とする）
②昇降口を出る時間を確認する（11：40とする）
③教室を出る時刻を確認する（11：30とする）
④万が一のサプライズの時間を考慮する
⑤最後の10分間の話をする
⑥トイレ、帰りの支度などの時間を考慮する

このように、卒業式後の動きについて事前に決め、「何時何分に教室を出るか」などを確認しておきました。そして、連絡調整役の職員にも共有しておきます。

子どもたちにも、おおまかな予定時刻を伝え、およそ3分前を見通して声をかけていきます。同時に、保護者や職員がみんな門出を祝福してくれていることや、そのために見送りなどが計画されていることも伝えます。名残惜しんでいつまでも教室にいられないことを共通理解すれば、時間に遅れることもありません。

中学校を見据えて

最後の10分間は３つのことを意識して、お別れをします。

①１年間の成長を振り返る

写真をまとめた動画を視聴し、個々の成長を話す。

②中学校で期待する姿を伝える

中学校でも「受け身」にならず、「自分から」行動してほしいことを伝える。

③１年間の感謝と別れを伝える

１年間の「ありがとう」の気持ちを伝える。「卒業生になろう」「さらば、６年○組」などと声に出し、節目を作ります。

こうして中学校へ送り出すようにします。

古舘の視点

「別れを惜しむ」か、「帳尻合わせ」か

三浦先生は、「もうやりきった」「伝えることは伝えた」と胸を張って言えるように、日々の教育活動を充実させるべきなのだと言います。確かにそうです。

しかし、そう言える方とそうではない方がいることを私は知っています。それは、私自身がそのどちらも経験しているからです。

だから、「もうやりきった」と言えなくても、「伝えることは伝えた」と思えなくても、それでも「自分にできることは可能な限りやってきた」と言い聞かせて卒業させる他ないのです。

最後にダラダラしてしまうことが悪いのではなく、自分の指導力不足を最終日に帳尻合わせしている姿が情けないと思うのです。それは、担任の都合に子どもたちを付き合わせているだけです。

どんな状況であっても、あなたは最終日まで精一杯過ごしてきました。だから、最終日を淡々と堂々と終えることが、今あなたにできる最大の指導なのだと思います。

10 卒業、別れ

「別れ」を意識させる

6年生の1年間は、子どもたちに「別れ」を意識させます。別れを意識して生活することで、最後の最後まで悔いのない学校生活を送ろうという気持ちが芽生えるからです。すると、自然に感謝の気持ちが生まれます。

難しさを抱えた子も、「別れ」を意識することで5年間の自分を振り返り、最後の1年はしっかりとやり遂げようという思いが生まれるはずです。

最後の1年間、そして「別れ」をいい形で締めくくることが次の新たな出会いにつながります。

ここでは、別れを意識させる方法の例を紹介します。

【1・2学期】

・理想の卒業式を考えさせる。

・卒業式を迎える自分への手紙を書かせる。

・行事は「小学校生活最後の○○」と伝える。

・「感謝の心」を学級の合言葉にする。

・「出会いと別れ」について語る。

【3学期】

・全員でカウントダウンカレンダーを作成する。

・教師が、「あと何日か……」とつぶやく。

・教科別の残りの授業時数を示す。

・教室掲示を少しずつ外していく。

・学級の仲間同士で思いを伝え合う場を設ける。

「最後の最後まで悔いのないように過ごそう」「色々な人に感謝して過ごそう」という思

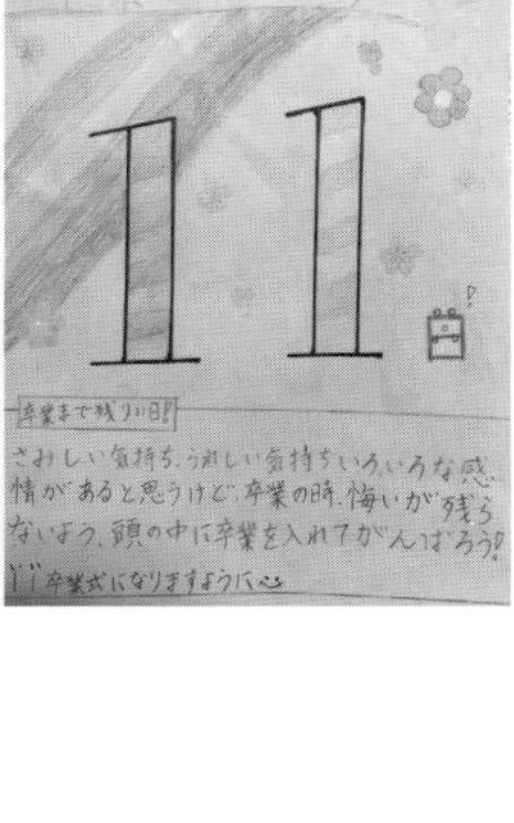

いがあれば、きっと素敵な卒業式を迎えられるはずです。**卒業式当日の姿は、これまでの積み重ねがものをいう**と思っています。

きっといつか花開く

小学校生活最後の1年間、苦しいこともうまくいかないこともたくさんあったはずです。「あの子のために何ができるのか」といつも自分自身に問いながら、子どもたちと向き合っていました。そんなとき、心の中で言い聞かせていたことがあります。それは、「きっといつか花開く」ということです。今、うまくいかないことがあっても、中学生や高校生になったとき、もしくは大人になったときに、**きっとこの子の人生は輝く**と信じていました。

5月。中学校の体育大会を見に行きました。すると、「私、成長しましたよ！」と、笑顔で報告してくれる子がいました。あの子が一生懸命、体育大会に取り組んでいました。「○○さん、こんな風に頑張ってますよ！」と友達の頑張りを教えてくれる子もいました。子どもたちのことを信じて向き合い続けてよかったと心から嬉しくなりました。

古舘の視点

いい別れはいい出会いを呼ぶ

何かを掴んだら、その手を離さない限り次のものは掴めません。同じように、一度築いた関係性をきちんと解消（お別れ）し、次の出会いに備えるべきだと考えています。

子どもたちは安易に「まだ小学校がいい」「卒業したくない」などと言います。しかし、卒業式で腹を括った表情をする子もいます。「先生、ありがとうございました。中学校でも頑張ります。先生、お元気で！」とスッキリした表情で卒業していく子です。

こういう「引きずらない子」はどこへ行ってもいい人間関係を築いていくのだろうと思います。いい出会いをしてほしいなら、いい別れ方を教えるのが教師の務めです。

また、カウントダウンカレンダーは、こうした「いい別れ」のための手段なのでしょう。39ページで紹介されたような「残りの時間への意識」ではなく、子どもたちが卒業に対して「きちんと腹を括る準備のための時間」なのだと感じます。

目的に対するカウントダウンは子どもたちの成長を助長するはずです。

11 当番活動の導入

当番活動って必要なの？

年度初め、当番活動や係活動はすぐに導入せず、様子を見ます。

ただし、給食当番と掃除当番は決めなければ、子どもも困ります。

そこで、「先生、当番とか係とか決めなくていいの？」「今日から給食だけど、給食当番はどうするんですか？」「掃除は誰がやるんですか？」と子どもが言い出すまで待ちます。

ポイントは「必要感」です。必要感が感じられない当番活動や係活動は、教師から押し付けられた受動的な活動でしかなくなります。

6年生にもなると、「やらされている感」が特に大きくなっているでしょう。

子どもたちから声が上がったら、調整して当番活動や係活動を決めるようにします。教師からの投げかけとして、

- **「そもそも当番活動って必要なの？」**
- **「当番活動って何のためにあるの？」**

と聞くようにします。子どもたちが5年間培ってきた「当たり前」を崩すためです。

さらに、

- **「今までやってきた当番を教えて」**
- **「これはどういう仕事をするの？」**
- **「何のためにあった仕事なの？」**

とその目的と実態を擦り合わせます。

すると、多くの当番活動に「必要感」が芽生えます。

ある年の私の学級では、「電気当番」「カーテン当番」「配り当番」が無くなりました。「電気当番やカーテン当番、配り当番は気づいた人がやればいい」「でも、それなら誰か一人がずっとやることになりそう」「でも、それはみんなで気をつけてやろう」「たまに、みんなでできているか振り返ろう」と話し合いが進んでいきました。

「なくてはならない」「あったらいいな」で考える

そして、次のように当番活動などが決まりました。与えられる活動ではなく、自分たちの教室を自分たちでよくしていこうとする自治的な活動にしていきたいものです。

「なくてはならない」
・学級委員　・体育係
・自主学習係　・保健係

「あったらいいな」
・マジック係　・ポスター、新聞係
・みんな遊び係　・学校クリーン係
・蜘蛛の巣撲滅係　・アルバム係
・誕生日係　・クイズ係　など

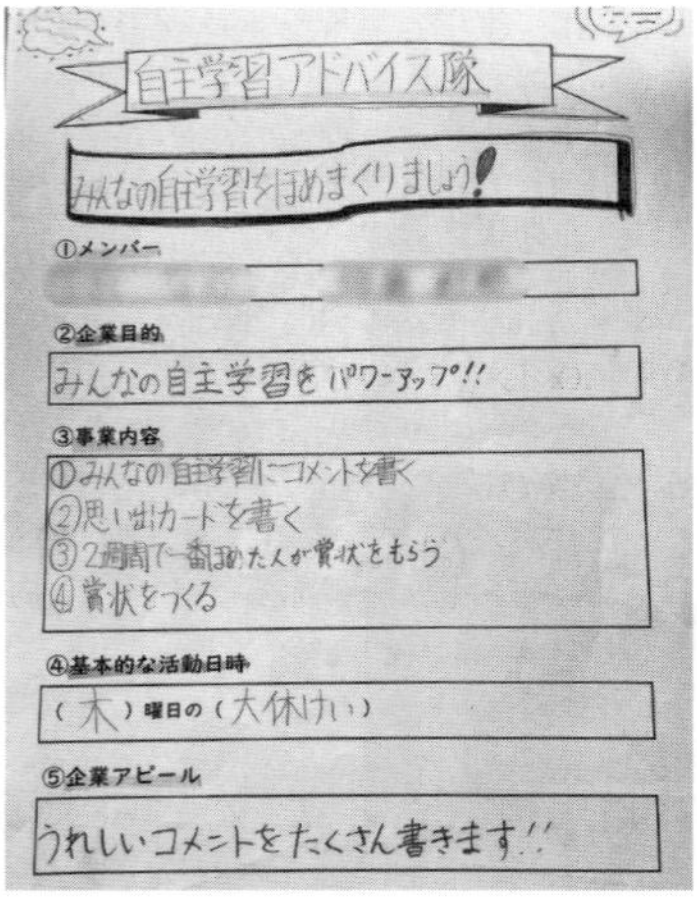
自主学習アドバイス隊
みんなの自主学習をほめまくりましょう!
①メンバー
②企業目的
みんなの自主学習をパワーアップ!!
③事業内容
①みんなの自主学習にコメントを書く
②思い出カードを書く
③2週間で一番ほめた人が賞状をもらう
④賞状をつくる
④基本的な活動日時
（木）曜日の（大休けい）
⑤企業アピール
うれしいコメントをたくさん書きます!!

古舘の視点

当番活動を別の言葉にしてみると

仮に、当番活動が「1週間や1ヶ月など、ある一定期間の中で学級が気持ちよく過ごせるようにするための仕事を、出席番号または班ごとなどの単位で引き受け、学級全員で交代しながら活動に当たること」だとします。

私なら、問答無用で子どもたちに割り当てるかもしれません。

例えば、「入学式準備は、1班が体育館椅子出し。2班は教室飾り。3班は保護者用スリッパ準備」などのようにトップダウンで決めます。

掃除も給食も、「どうする？」などと聞いている暇はありません。初日から掃除はあるし、翌日以降は給食開始です。

もちろん、「係活動」はまた別の話だと思いますが、何でも子どもたちに任せることはしません。思考停止と言われるかもしれませんが、「そんなもんだよね」と子どもたちに納得してもらうことも大切です。

大きな目的を共有し、共通了解をもってドンと示すことが大切なときもありますね。

12 朝の会の進め方

「ねらい」はコミュニケーション力の向上

私の勤務してきた学校では、朝8：30～8：40が学校で決められた朝学習（漢字計算などの基礎学習や読書）、8：40～8：45が朝の会となっていました。朝の会は5分しかありません。朝の会の内容は、「朝のあいさつ」「健康観察」「先生のお話」などが一般的ではないでしょうか。これをこなすだけの時間ではなく、「1日のスイッチが入る、成長の0時間目」と捉えて活動を仕組みます。

私の学級では、コミュニケーション力の向上をねらいとして、「あいさつリレー」「一人ずつの健康観察」「コミュニケーションゲーム」を5分間で行います。

良い姿を共有する

「あいさつリレー」は、席の順番に一人ずつ「おはようございます」と言ってあいさつをリレーしていきます。「一人ずつの健康観察」は、名前順に一人ずつ呼名して、呼ばれたら「はい、元気です」と、返事をして体調を報告します。これを、できる限り速く行います。慣れるまでは教師がリードして行い、慣れてきたら日直や係に任せて、自分たちで進められるようにします。あいさつ・返事は、コミュニケーションの第一歩です。

これらを毎日行い、コミュニケーション力の基礎を育てていきます。大切なことは、良い姿をフィードバックし、より良いコミュニケーションのイメージを共有することです。

・背筋がのびた良い姿勢　・アイコンタクト　・笑顔（口角が上がる）　・明瞭な声
・明るい上向きの声　・適当な声量　・お「は」ようございます　・はい「っ」

「ほめるポイント」を明確にもち、前向きに取り組めるように心がけます。

温かい関係性でつながる

「コミュニケーションゲーム」は主に「質問ゲーム」を行います。ペアでじゃんけんをして、勝った人が負けた人に質問をします。1分間行います。次のようなものです。

・隣のペア、前後のペアなどの班のメンバーと　・自由に立ち歩いて様々なペアと
・好きな○○は？　・好きな○○の理由（なぜなら…）
・負けた人も後から質問する
・じゃんけんは最初だけで、後は交互に質問し続ける

6年生までの5年間で何度か同じクラスになったことがある人同士でも、相手のことをよく知らないまま過ごしている場合があります。コミュニケーション力を向上させるためには、まずはクラスのいろんな人と温かい関係性でつながることが大切です。

「1日5分間×年間200日＝1000分」子どもたちの成長を願って活動を仕組むことで、大きな成長につながる「0時間目」になると考えています。

古舘の視点

いつだってシンプルでいい

岡先生のように、朝の会に明確な「ねらい」をもっている先生はどれだけいるのでしょうか。この時点で、年間にするととてつもない時間の差が生まれると感じました。

こうした「チリつも」もせずに「6年生だから消極的で～」などと言っている先生方は、子どもたちのことを育てる気があるのかどうか不思議に感じてしまいます。

特に高学年は、「低負荷高回数」の実践がものをいうと考えます。手軽で、誰でも知っていて、単純でわかりやすい実践を、地道に繰り返すということです。

ある意味「じゃんけん」一つで学級の状態がわかると言っても過言ではありません。ゲーム要素ですから、もちろんバリエーションがあって構いません。しかし、6年生の子どもたちほど、単純なゲームを「楽しめるように」なります。大人がサポートせずとも、子どもたちは場の空気をつくり上げていく力を備えています。

朝の会ほど、なんとなく時間を消費していく時間はありません。朝の会にねらいを仕組んでいくことは、ある種働き方改革にすらつながるような気がしています。

13 帰りの会の進め方

帰りの会を「7時間目」と考える

1時間目が国語だとすれば、国語の指導書を見ながら、指導内容を確認すると思います。そして、どんな力を育てたいかを明確にし、その指導方法を明確にしていくと思います。では、「帰りの会」はどんな時間でしょうか。何のための時間でしょうか。それがはっきりしていないから、「早く帰らせる学級」が出てきたり、帰りの会自体をカットしてしまう学級が出てきたりするのでしょう。

そこで、子どもたちに**「帰りの会は7時間目の授業だよ」と伝えてしまいます。**授業の一部にしてしまうのです。

すると、**帰りの会という授業で、どんな指導をするのかを考える**ようになります。

帰りの会で育てたい力

帰りの会でほめ言葉を伝え合う時間を確保します。そこで、「話す」「聞く」の指導に力を入れるようにします。

◯「話すこと」（話し手）への指導
・その場にあった声の大きさを考えさせる
・聞き取れるようなハキハキとした話し方を体感し合う
・アイコンタクトや笑顔など、相手を意識させる
◯「聞くこと」（聞き手）への指導
・顔や体を向けて聞く姿勢をつくらせる
・一文ごとにうなずきやあいづちなどを入れる

そして、形式的な「見える聞き方」の指導から、**「そういう所を観察したのか」「そういう場面として切り取ったのね」というその子の視点に立った聞き方**もさせるようにします。

帰りの会を7時間目として設定するだけで、その時間が確かな指導の時間になります。

指導を重ねる

話したり聞いたりする時間は、そう多くはありません。1時間の授業で発表できる子の数は限られているからです。

しかし、帰りの会という10分程度の時間であれば、子どもたちも集中力を持続しながら、繰り返し多くの子の発表を聞いたり、自分も発表したりすることができます。毎日帯のように実施することで、指導の効果を高めていくのです。

また、年間200日あります。**1学期70回、2学期80回、3学期50回も指導の機会がある**と考えれば、4月序盤からスモールステップで指導することも可能です。

古舘の視点

たかが10分、されど10分

6校時終了後は子どもたちをすぐに下校させる。帰りの会はせず、すぐランドセルの準備をさせて下校の挨拶をする。事実かどうかはわかりませんが、SNSでそういった投稿を目にしたことがあります。もちろん、反対しているわけではありませんが、学年全体で取り組んでいるのだろうかとか、学校の時間割（日課表）には「帰りの会」という記載がないのだろうかとか、色々考えてしまいます。

私はそうはしません。10分間あればできることがたくさんあるからです。この10分間をいかに有効に使い切るかということに全力を注ぎたいと思うからです。その感覚が「7時間目」という考え方なのです。

朝学習数回分を1単位時間に変換することがあります。同じように、指導内容を明確にすれば、帰りの会だけで数時間の指導時数を捻出することもできそうです。

位置付けられているから仕方なく行う帰りの会か、やるならとことんやる帰りの会か、あなたはどちらを選びますか。そして、何を目的に行いますか。

14 日直の役割と育て方

挨拶だけでは終わらせない

「今日の日直は誰かな」そんな声をかけることが多々あります。言われないと自分が日直かどうかもわからない。そんな場面も多々あります。「そうだった、自分が日直だ。あれ？　何をするんだっけ。とりあえずあいさつだ」のような、「日直＝授業の始めと終わりのあいさつ当番」という印象の子も少なくありません。

6年生ともなれば、良くも悪くも日直に対するイメージが刷り込まれており、その殻を破るのは中々難しいことかもしれません。

そこで、日直のイメージを再構築するようにします。

やってみたいことをやらせる

日直に「やらされ当番」のような感覚をもつのではなく、自分にできることをやってみる「チャンスの日」と捉えられるような機会をつくることを心がけます。

・スピーチをする　・みんなに向けて一言しゃべってみる
・漢字の音読の師範をする　・司会役をやる　・黒板にメッセージを書く
・授業の始めに問題を書く　・クイズを出してみる
・好きな四字熟語やことわざを調べる　・マジックをする　・掲示物を作る

このように、日直に**ほんの少しの特別感をもたせる**ようにします。

「必ず○○をしなさい」という義務的なものではなく、「ちょっとやってみよう」「これならできそうだ」「そんなことやっていいの？」という「＋1（プラスワン）」を意識することで、子どもたちは「日直」がある意味を考えるようになります。

しかし一方で、「それって絶対しないとだめですか？」という子がでてきます。

これまで自己表現をする機会がなかった子にとっては、かなりハードルが高い取り組みになります。そうした子がいることも考慮し、前日までに相談する中で、**日直を通して成長してほしいという目的を伝えます。**そして、その子のできそうなことを一緒に探します。

日直を通して育てたい心

子どもたちが下校するとき、**「日直としての仕事を終えたというすがすがしい達成感」を感じながら下校してほしい**と考えています。

毎日行われる日直の仕事で、だれか一人でもそう思ってくれると、成長につながるなと感じています。誰かのために何かをしようとする心。ちょっと頑張ってみようとする心。その日1日が主役の気持ちになれるようなそんな日直にできれば、毎日誰かが輝くことができるかもしれません。

古舘の視点

疑われることが少ない領域

係活動や当番活動は、その「思考停止状態」から脱却すべく、多くのアプローチが生まれています。会社活動、学級内通貨、そもそも廃止する、などです。

しかし、残念ながら「日直」はその形を大きく変えることがなく、多くの学級で当たり前のように位置付けられています。

きっと、学級集団を管理・統率していこうとする教師のマインドが、日直を位置付ける理由となり、「挨拶」「号令」が仕事の大部分を占めているのです。

そこに手を打とうとしたのが、小宗先生のご実践でしょう。

アプローチが違ったとしても、日直に「特別感」をもたせたり「達成感」を感じたりしてもらいたいと思いました。この実践を機に、日直業務に対して疑いの目を向けてみましょう。

きっと、子どもたちの成長につながる実践が生まれていくはずです。

15 自分らしい係活動の決め方

自分らしさの発揮

子どもたちには、それぞれ異なる趣味や特技があります。係活動とは、子どもたちが趣味や特技を生かし、学級をより豊かにしていこうとする取り組みです。

しかし、教室の係活動には、体育係や音楽係、配り係などといった「教師から与えられた役割」が多く、子どもたちの個性を生かすことができているのか疑問に思います。

係活動は「自分らしさを発揮し、学級をより豊かにする取り組み」です。このように考えるならば、体育係や音楽係といった係活動は、本来の係活動のねらいとずれているように感じます。

係活動（初期段階における）教師のＮＧ指導

係活動の初期段階における教師のＮＧ指導について、２つ紹介します。

ＮＧ①子どもに丸投げにする

「何をやってもいいよ」は、混乱を招く場合があります。子どもに丸投げにしすぎず、初めは、担任も一緒になって考えましょう。

（例）ポスター係　豆知識係　学級新聞係　お笑い係　〇〇紹介係　ボランティア係

ＮＧ②活動の時間を確保しない

「休み時間にやりましょう」これではほとんどの子どもが、係活動に取り組みません。貴重な休み時間が係活動で奪われるからです。「係活動は楽しくないもの」になる可能性があります。計画的・意図的に、学活やすきま時間（授業の前後５分など）を活用し、子どもたちに係活動の時間を与えましょう。

子どもたちの思いをカタチに

子どもたちの思いをカタチにする担任の意識を4つ紹介します。

①前向きに考える…子どものやりたいことに対して、「どうやったら実現できるか」について、子どもと一緒になって考える。

②ICTを活用する…一人一台端末により、子どもたちは自在に情報機器を活用できます。（学校のルールで使いましょう）

③小さなテーマ（目標）を与える…係活動の停滞時には、担任が介入し、小さなテーマを与える。

（例）「○○をしてみては？」

「みんなに、○○だと思ってもらいたいね」

④子どもたちを信じて任せてみる…1年間を見通し、最初はうまくいかなくても「自分らしさ」というキーワードを大切にする。

情報機器で，自分たちを撮影

古舘の視点

AIに代替されるかどうか

例えば、「電気係」は大切です。しかし、誰でもできます。誰でもできるということは、機械的な仕事です。そこに感情の動きはないものと考えます。極端に言えば、人感センサーを導入すれば済む話でもあります。

笹部先生は、係活動を「学級をより豊かにする取り組み」と表現しました。学級は豊かであるに越したことはありません。子どもたちが自分の好きなことに没頭し、それが学級のみんなを巻き込み、受け入れ合うような教室ができたら、それは豊かな学級だろうと感じました。

また、「丸投げ」についてはその通りだと思います。子どもたちは仕事を「しない」のではなく「できない」のだと感じているからです。サボりたくてサボっているわけではなく、天秤にかけたときに係活動を選ばなかっただけなのです。

「従来の係活動」から脱却するには時間がかかります。そうしたマインドが定着するまで根気よく時間を確保し、子どもたちの「漕ぎ出し」を支える必要があるでしょう。

16 給食指導の時短術

子どもの満足度を上げる

給食指導のポイントは、「早く食事を始めること」です。食事の時間確保、残食を減らす、昼休みの確保など、メリットだらけです。時短のポイントは次の3点です。

・2つのタイマーで時間を計る。［4時間目終了～食事開始］［食缶等到着～食事開始］
・配膳の仕方を指導する。（一人前の見本、一発で決める、食器フォロー …… 等）
・時間のロスにつながる行為は、即時適切に指導する。

配膳技術は教師主導で指導する

時短を意識する上でタイマーは必須のアイテムです。1つは4時間目終了後の「初動を速くする意識をもたせるため」です。もう1つのタイマーは、「配膳スピードを上げるため」のタイム計測に用います。

しかし、配膳自体には技術が必要です。6年生は早くなる分ミスも多くなる学年です。その点を踏まえて教師主導で指導します。

①教師が一人前の見本を示す
まずは教師が一人前の量を提示します。多め少なめの希望は後で教師が調整します。

②一発で決める
一人前の量がおたまのどれぐらいかを伝えて、一人前を1回で入れるよう指示します。

③おかずを入れる人に食器をわたす「食器フォロー」役をつける
おかずを入れる人が入れることに集中できるようにするとタイムロスをふせげます。

「目的」を明確に指導する

タイムを計ることで、最初はタイムがどんどん短くなります。しかし、ある程度までタイムが縮むと、伸び悩む時期がきます。すると、「どうせ新記録は出ないから…」と言ってやる気が低下し、時間ロスを気にしなくなるようになります。そんなとき、次のように子どもたちに話します。

> 新記録が出なかったら、遅くなってもいいのですか？　給食準備を速くするのは何のためでしょう？　そうですね。速く食べるのが苦手な子に、食べる時間を確保したり、その後の昼休みを確保したりするためですよね。速く食べられる人も、時間に余裕をもって、味わって食べる方が美味しいですよね。また明日からがんばりましょう。

新記録を目指すことは、「手段」であって「目的」ではありません。子どもたちが主体的に活動に取り組むことができるよう、目的を明確にした指導を心がけましょう。

古舘の視点

手段どまりの給食指導にはしたくない

岡先生の言うように、「ある程度までタイムが縮むと、伸び悩む時期がくる」のは当然です。「1秒で準備」はできません。プラトー状態にも似た状況とも言えます。

ここで、タイムを乗り越えていく学級とそうでない学級が明確に分かれます。ここからが本当の意味で給食指導とも言えます。ですから、そもそもサッと準備できる学級にしなければ、その指導には至りません。まずは3分台、4分を切ることが一つの目安です。しかし、子どもたちは自分の仕事で精一杯です。どこにタイムロスがあるのかを見極めるのは教師の役割なのです。そして、ロスを見つけることは粗探しとは違い、可能性や伸び代を伝えることになります。「君たちはもっとできるよ」「もっている力を出してごらん」というメッセージになります。

給食準備が3分台に乗ると、子どもたちは驚きます。こんなに短時間で準備ができるなど、想像したことがないからです。そうした、自分たちの未知の力に出会わせることが、給食指導の醍醐味でもあります。

17 清掃指導のポイント

「作業としての掃除」では育たない

ある日の全校朝会で、校長先生から掃除についてのお話がありました。「掃除を通して、相手の気持ちを考えることができる人になってほしい」という内容でした。その話を聞いて、いつしか、私自身が掃除を作業として捉え、**6年生としての見栄えを気にしてしまっていたことに気づきました。**もう一度、掃除の意味について考え直さなければならないと反省しました。

そこで「作業としての掃除」から脱却していく方法について考えてみました。

まず、「作業としての掃除」になってしまっている学級の例を紹介します。

・「何のために掃除をしているの？」と聞かれても答えられない。
・決められたことだけをこなしている。
・担任が見ているときだけ、真面目に掃除をしている。
・掃除に対して消極的で、掃除がない日を喜んでいる。

掃除で心を育てる

作業化した掃除から脱却するために、「掃除を通してどんな心が育つか」について、子どもたちと考えます。

子どもたちから出た、「育てたい心」を紹介します。

・**感謝の心**　・**他人事にしない心**　・**楽をしない心**　・**物を大切にする心**　・**気づく心**
・**人を大事にする心**　・**協力し合う心**　・**やり遂げる心**　・**細部にこだわる心**
・**努力する心**　・**進んで行動する心**　・**自分に厳しくする心**　・**他責にしない心**　等

このようにして、子どもたちと一緒に掃除の意味を考え、共有し合うことで、掃除で心を育てる意識を生み出すことができます。**やらされる掃除ではなく、自分自身の心を育てるための掃除**になっていくのです。

ぜひ先生方の学級でも、子どもたちと一緒に掃除の意味を考えてみてください。

育てたい心を明確にする

また、次のように、「掃除を通して育てたい心」を明確にすることで、より掃除をする意味を確認できます。

①出し合った「掃除を通して育てたい心」を教室に掲示する。
②毎日、「育てたい心」や「育った心」を尋ねる。
③心を意識した掃除の様子を写真に撮る。
④写真の中に、育てようとした心を書き込んでもらう。
⑤なぜその心が育ったのかを共有する場を設ける。

古舘の視点

掃除という爽快感に出会いたい

もし、教師が掃除を「している・していない」だけで見ているとすれば、それは前田先生のいうような、「作業化」された掃除になっている可能性があります。

しかし、現実問題として「作業化」してでも掃除をしなければ、学校や教室は汚れる一方です。だからと言って、業者を入れて掃除をなくしたり、掃除機を導入したりすることは難しいでしょう。だったら、なくならない掃除をどう子どもたちの成長にアジャストするかを考えることが教師の役割ではないでしょうか。

その方法は至ってシンプルです。「立ち止まる」時間を確保すればいいのです。前田先生はアプローチの手段として「心」を位置付けました。その手段は先生方によって様々です。

そうした時間が掃除に対する心構えをつくります。一見、昨日と今日とでは子どもたちの活動自体の様子は変わらないかもしれません。でも、内側には掃除に対する爽快感が生まれているのではないかと考えています。

18 時間をかけてつくる仕組み

仕組みづくりの落とし穴

子どもたちと学級の仕組みをつくっていく際、5年生までの経験や新たな意見をもとに話し合い、形作っていくと思います。

しかし、合意したと思っていた意見にも関わらず、子どもたちの口から「思っていたのと違う」と言われることがあります。そのたびに話し合い、多くの時間を割いてしまった経験はありませんか。

原因として、**①子どもたちがその仕組みを「自分ごと」として捉えるきっかけがなかったこと**、**②時間をかけずに仕組みを固めてしまったこと**が挙げられます。

まずは、体験から、そして、仕組みへ

6年生は、5年間で様々な仕組みを経験しています。だからこそ、仕組みづくりをしていくうえで、**「体験→仕組み」**という流れを大切にします。次のように行います。

【目的の共有】教室で過ごしていくうえで、必ずないと困るものを分担して行う。
【考えの共有】子どもが、意見を考えタブレットで提出する。考えを共有する。
【話し合う】必ずないと困る当番は、どれか話し合う。
【体験】**意見が分かれた当番を試す期間を設ける。**
【話し合う】子どもが、体験して考えたことをタブレットで提出する。
考えを共有する。再度、話し合い、仮決定をする。
【仕組みへ】子どもが、仮決定の当番を分担して行っていく。

仕組みを浸透させていく

仮決定のままにしておくことで、「決定ではなく、また変えていくことができるんだ」と子どもたちが仕組みを**「自分ごと」**として、1年間捉えられるように仕組んでいくことが必要です。

子どもたちが仕組みの良さを実感できるように、定期的に振り返りの時間を設定し、活動に真剣に取り組んでいる子どもたちの様子を学級で紹介したり、担任が前向きな姿を価値づけたりすることも大切です。

そして、「感化の輪」の広がりを促し、子どもたちを馴化させることで体験から仕組みへと変わっていきます。

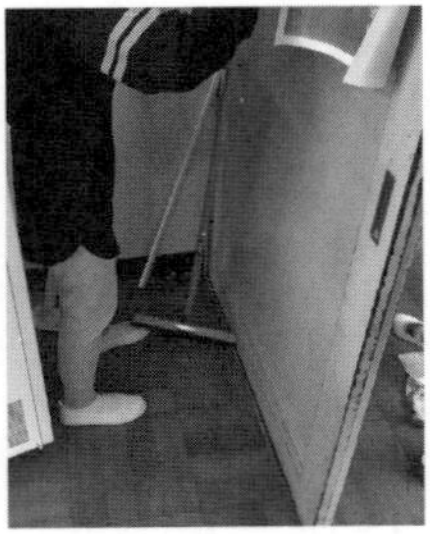

掃除の時に、角を意識して細かいところまで注意してやる。ということをしっかりやった。

細部までこだわる！とても素敵です。一番見落としがちな部分を意識的に掃除できるのは

古舘の視点

体質を変えていく

学期初めに決定した活動は、その多くが長期間にわたって教室に根付いていきます。そして、「システムに子どもが適応していく」ことはあっても、「子どもたちが仕組みを変えていく」ことはそう多くありません。

多くのシステムは、一度決まったらそう簡単に変えることはできません。教師の決まり文句として「決まったことだから」「みんながそうしているから」という正義が盾となり、子どもたちを封じ込めていきます。

係活動は学期ごとに変わるかもしれませんが、給食や掃除のシステムは1年間同じという学級も多いのではないでしょうか。それは、本当に子どもたちにフィットしているのでしょうか。実は、子どもたちがシステムにフィットしてくれているのかもしれません。

そういう意味では、「試す期間を設ける」という三浦先生のマインドはかなり重要になってくるでしょう。自分たちの教室を自分たちで良くしていく。そのために子どもたちへ委ねていく姿勢が、馴化を促していくのでしょう。

19 学級全体の巻き込み方

プロセスを大切に

学級全体が「さあ、やるぞ」となったときの空気感を皆さんは感じ取ったことがあるでしょうか。一つの方向にむいて突き進むエネルギーはとても素敵なもので、最高学年としてとても立派に思えます。

しかし、**6年生特有の本気でやることに対する「恥ずかしさ」や「照れ」**のようなものが出てきて、なかなか思うように子どもたちが行動に移せないこともあると思います。

そんな恥ずかしさなどを感じないくらいの関係を築き、学級全体の一体感が生み出せたら、子どもたちが力を発揮しやすくなるのではないでしょうか。

緊張を解き、信頼を築く

6年生と言えどまだ小学生です。しっかりと子どもたちの関係を築くことが全体を巻き込む第一歩と考えています。2つほど関係を築く実践を挙げてみます。どちらも派手さはありませんが、回数をこなすことで、コミュニケーションが頻繁にとれたり、子どもたちの関係を築いたりする一助になって欲しいと思いを込めて行います。

【ジェスチャーゲーム】
・席が隣の人とじゃんけんをする。勝った方はお題を確認しペアにジェスチャーで伝える。負けた方はお題が何かを当てる。
・1ゲームの時間は30秒。全部で3ゲーム行う。
・2ゲーム目は役割を交替する。3ゲーム目はペアで話し合って役割を決める。

そこで生まれた**「どっちがやりたい？」「どうぞどうぞ」などの相手を思いやる発言を価値づけ**します。6年生こそ、単純なゲームを何回も繰り返すことが有効です。

【電話ゲーム】

・ペアで背中合わせになる。
・一人が教師から提示された図形について、ペアの相手に音声のみで伝える。
・ペアは音声だけを頼りに、紙に答えを書く。
・電話越しに伝えるようなイメージで、ジェスチャー等は禁止する。

上手に書けない、うまく伝わらない経験が、教室全体に安心感を与えます。

お互いに信頼し合える関係に

ゲームを通して関係を築き、信頼し合えれば、教師から命じなくとも自然にリーダーが生まれます。**様々な場面で多様なリーダー**が生まれ、みんなが活躍できる学級になるでしょう。学級を巻き込んでいくということは学級で考えることが当たり前の教室づくりです。

古舘の視点

システム止まりの活動にしないために

低学年では「こうします」「こうやります」というシステマチックな活動が、子どもたちの集団機能を高めていく場合があります。「やるしかない一択」だからです。

しかし、6年生ではシステムが機能しない場合があります。「面倒臭い」「あの子と一緒はいやだ」のような感情が「やらない」という選択肢を生み出すからです。

つまり、システムは感情によってその機能が左右されると考えているのです。

そこで、子どもたちの関係性を仕組んでつくっていくことによって、6年生でもシステムを機能させて行こうという営みが、小宗先生のジェスチャーゲームなのでしょう。

これは、「ゲームをすればいい」ということではなく、「学級全体を巻き込む」という目的があり、「信頼関係を築く」という目標があります。その手段が「ジェスチャーゲーム」なのです。

学級の実態によって様々なアプローチがあると思います。システムを乗り越えていくような学級集団を目指してプロセスを描いていきたいものです。

20 ここだけは子どもに任せる

子どもが得意なことや興味をもっていること

子どもたちが主体的に学級で楽しく過ごすための活動として「会社活動」を行うことがあります。自分たちで会社を立ち上げ、メンバーを募集し、活動を行います。

以前担任した学級で、「プログラミング会社」といったものがありました。主にScratchでのゲームやクイズの作成などを互いに教え合いながら高めていく活動を行っていました。

ある日、メンバーの一人が「発表をしたい」と申し出てきました。給食の準備を早め、食べ終わって片づけをした後の昼休み開始までの時間で、発表会を定期的に行うようになりました。

写真は、その活動が発展し、他校とのプレゼン大会の準備を行う様子です。終わった後に一人の子が**「なんか自信がついたわ」と誇らしげに語っていた**のが心に残っています。

失敗は責めない

もう一つのエピソードです。運動会の当日の朝、子どもたちから、集団行動の演目の最後に、みんなで曲に合わせてジャンプして手拍子をしてみるのはどうかといった提案がでました。迷いが生じる場面に出会ったのです。

教師である自分の立場や、他の学級への配慮、運動が苦手な児童のことなど色々なことが頭の中を駆け巡りましたが、「自分たちで周りの人に声をかけてみたらどうか」と伝えました。6年生、最後の運動会だったからです。本番では、学年全体でアレンジした振り付けを行いました。ミスもありましたが、その点も含めて事後の振り返り、**自主性や協働**

性、豊かな心情について学級で話し合いました。

「感化の輪」の中でのポジティブな行動

「ここだけは子どもに任せる」という項目ですが、教師である自分にとっても子どもと同じ目線で、「任せるよ」と言えるまでの「仕組み」は必要だと思います。**「感化の輪」**も**ポジティブな行動もあくまで教師目線でしかありません。**それでもなお、教師の目で見て、感じて、**そこに反応していくのが現場の教師の醍醐味**であるように思います。

好きなことや得意なことを発揮できる場を、教師が**「支組み」「試組み」「志組む」**。「やってみようか」と子どもと一緒になって、いつまでも挑戦できる教師でありたいと思います。

ある子の運動会の振り返りは、**原稿用紙2枚分びっしりと感謝の気持ちと協力の大切さ**が綴られていました。

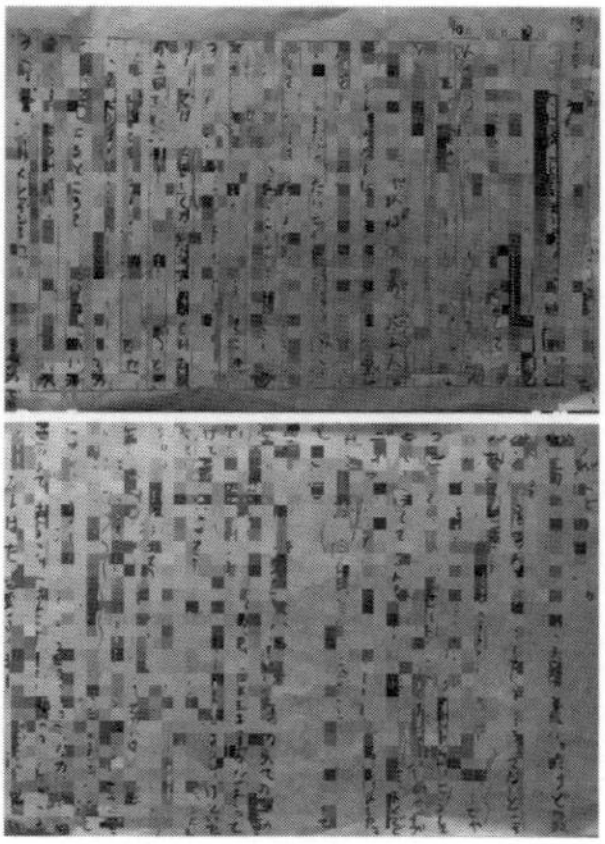

古舘の視点

主体性が高まった先にあるもの

「任せる」という言葉には双方向性があると感じています。バトンを渡したい相手がいる。バトンを受け取りたい自分がいる。そんなお互いの意欲が合致したとき、初めて「任せる」という言葉が真実味を帯びていくような気がしています。

ですから、教師が「任せる」と決めるとき、そこに子どもたちの「任せられたい」と願う気持ちが合致していなければならないのです。

だから、今回の上園先生のご実践を「うちにはできない」「これはやりすぎ」のような視点で語るのはナンセンスです。「いかに子どもたちの主体性を高めたか」「高まった先にどう教師が『しくんだ』のか」を想像することに価値があります。

学年で係活動や当番活動のシステムを同じにすることはあると思います。しかし、それぞれのクラスに色が出るのは、担任の構想があるからに他なりません。子どもたちを真剣に受け止め、学級集団の機能を最大限に高めたいと思うから担任の色が出るのです。

その過程として「任せる」があり、その言葉以上の事実が教室にあふれるのです。

21 子どもと考える「授業」

学びに向かう瞬間を見逃さない

6年生になればなるほど、授業のアナウンスに対するリアクションがネガティブになっていくように感じます。「明日からわり算だね」と言えば「え～」と言い、「次の時間は国語です」と言えば「マジかよ～」と、消極的な声を発します。その姿は、低学年とは真逆のように感じます。

しかし、6年生の子どもたちが本当に嫌がっているのは「国語や算数」なのでしょうか。もしかしたら、自分の意思を表に出しづらくなっているだけで、本当はネガティブなリアクションしか取れない状況になっているのかもしれません。

例えば、次のようなことが本音として隠れているかもしれません。

・自分の教室における居場所が不安定なため、授業自体に意欲が湧かない。
・友達関係がうまくいっておらず、対話などが苦手なため、授業に参加したくない。
・発言が否定されたり、発表を笑われたりしたくないため、我慢し続けている。

これらの本音に気づかず、頭ごなしに「やる気がない」と決めては、6年生の子どもたちは余計にネガティブな印象を強くするでしょう。

授業は、子どもとつくる

5年間過ごしてきて、どんな授業に抵抗を感じたかを聞いたことがありました。すると、

・先生が喋り続ける授業　・ノートに書くばかりの授業　・相談が許されない授業
・わからないことをほっとかれる授業　・無理やり発言させられる授業
・間違ったら笑われる授業　・わからない授業

のような回答が返ってきました。

そして、「そうならないように、先生も頑張るから、一緒に授業をつくっていこうね」と、**授業に対する教師の気持ちを伝えました。**

すると、子どもたちから授業でしたいことが続々と出てくるようになりました。自分たちの心の声に気づいたのでしょう。授業の「嫌」を考えたことによって、対極にある「好み」が顔を出し始めたのです。次のようなことが出されました。

「ペアで相談したい」
「少し考える時間が欲しい」
「ノートを使って考えたい」
「自分たちで学習を進めたい」

こんなふうに、子どもたちの思考を活性化させ、本音を吸い上げながら授業がどんな時間だったら良いか考え合うことで、子どもたちの主体性が発揮されるのです。

古舘の視点

いい授業を暫定的に定義づけていく

「授業が嫌い」。そう聞くと「カチン」と来てしまうことがありました。「じゃあ、帰っていいよ」なんて言いながら、「一緒に考える」余裕なんてありませんでした。

しかし、どうすれば授業が好きになるのかを考えれば考えるほど、30人30通りの授業になってしまいます。至難の業だと言えます。

そこで山中先生は、まず相対的に「嫌だ」という授業像を洗い出したのだと思います。その「嫌だ」を出発点に、逆転の発想で授業のあり方を定義づけたのです。

これは、あくまで暫定的な共通了解です。スタート地点に立ったというレベルです。本質は、そこからどう子どもたちに力をつけ、授業を実りある豊かな時間にしていくかです。

また、この方法は安易に取り入れると大きく失敗します。「嫌だ」が浮き彫りになることで、意識していなかったことも強制的に意識づけてしまうからです。極端に言えば、「嫌だ」と思っていなかった子に「嫌だ」と思わせてしまう時間になるわけです。

子どもを授業で育てていく覚悟が必要な実践であることも肝に銘じてください。

22 指導書のなぞり方

指導書通りがうまくいかないのは……

「指導書の通りにやってもうまくいかない」。このような経験をしたことはありませんか。私も幾度となく、この壁にぶつかって失敗してきました。その原因の一つとして挙げられるのが、「児童の実態」に合わせられていないことだと感じています。

国語の物語教材を例に挙げてみましょう。指導書は、「指導展開例」「板書例」など、具体的な指導例が挙げられていますが、ただこの指導例をなぞるだけでは、「児童の実態」とずれて、うまくいかない可能性があります。私が大切にしているのは、「指導目標」「言語活動」「評価規準例」と「児童の実態」を照らし合わせることです。

単元のゴールイメージをもつ

「海の命」（光村図書）を例に挙げます。

①指導目標の中心は「文章を読んでまとめた意見や感想を**共有**し、自分の考えを広げることができる」、言語活動は「物語を読み、登場人物の生き方について**話し合う**」です。

②次に、対話・話し合いのゴールイメージをもちます。仮に「太一の成長について話し合う」ことを単元の中心とし、逆算して考えます。

③指導書にある「指導展開例」を参考にし、「太一の成長について話し合う」ための「めあて」設定し、それに迫るための「発問」を考えます。

・クエを殺すことのできない太一は、「本当の一人前の漁師」と言えるか。
・なぜ「もちろん太一は生涯だれにも話さなかった」のか。

④「発問」を考えたら、「板書」を考えます。「人物関係図にまとめる」「表にまとめる」「対比させてまとめる」などです。そこで、指導書にある「板書例」を参考にします。

このように、「目的と手段」を明確に分けて指導書を読むことで、活用しやすくなります。

「児童の実態」に照らし合わせる

前述の通り「対話・話し合い」の授業展開を計画することが多々ありますが、話し合うための自分の考えをもちにくい子もいます。そのような場合は次のことを心がけます。

- ・「選択型の発問」によって、選ぶだけで自分の考えがもてるようにする。
- ・「選択型の発問」に対して、選択肢を選んだが理由を書けない場合は、自由な立ち歩きの交流を通して、他の子から考えをもらうようにする。

6年生にもなると、能力差も大きくなり、指導書通りにいかない場合も多々あります。しかし、目的はブレずに、苦手な子の目が輝く手立てを考えて授業を計画したいですね。

古舘の視点

授業は後ろから考えるのに、指導書は前から読む

様々なセミナーや講座で「授業は後ろからつくる」と学びました。校内での指導案検討の際も、「授業の終末に子どもたちがどうなっていてほしいかを考えるといいよ」と教えてくださったことを覚えています。

それなのに、指導書を開くとどうして1ページ目から読んでしまうのでしょう。

授業の終末を考えるなら、単元の終わりを考えるなら、「1行目から」なぞってはいけないのです。ゴールを探すように指でなぞる。そして、そのゴールに一直線に向かう展開を考える。きっと、岡先生はそのようにして指導書をなぞっているのだと想像します。

指導書をうまく活用できない原因に、先生方の「一字一句読む」という丁寧に学ぶ姿勢があるのだと考えます。

指導書というコンパクトにまとめられた内容を、さらに「ゴール像」というピンポイントで切り出すことができれば、劇的に授業づくりが変わっていくと思います。

23 子どもと大人の関係性をつくる

自分らしくできることを「徹底する」

所信表明、4月の出会い。子どもたちにどのような話をしようか悩みます。授業の中でどのようなメッセージを送っていくのか。そこが「子どもと大人の関係性をつくる」鍵になってきます。

子どもたちが大人との関係性をつくるときに、大人の性別や年齢はほとんど影響を与えない一方で、大人の**「公平で的確な態度」**は大きな影響を与えます。私は、**自分らしくできることを「徹底する」と決めています**。特に6年生は、教師をちょっとした仕草や言葉から分析し、**細かい心の動きを見ている**ように思います。こんな約束していませんか。

・3回同じことを注意させたら、怒ります。
・授業に関係ない話は許しません。
・必ず先生の話が終わってから質問をしてください。

3回、数えられますか。○○さん1回目、□□さん1回目、自分には自信がありません。授業に関係ない話、社会科の授業で歴史人物の話から今日の朝のニュースの話になっていったら。どこからが関係のない話で、どこからが関係のある話なのか。先生の話が終わってからと言いますが、授業中のどこからどこまでが先生の話なのか。

授業の中で教科書の内容を音読する際に、読める人から起立して読んでいく方法を行なっていたとき、**読む人が出なくても待ち続けようと決めて**いました。もちろん、授業時間は超過しないようにコントロールしていくことは必要です。

自分らしくできることを「徹底する」ことで、大人の**「公平で的確な態度」**が伝わり、子どもとの信頼関係が生まれます。それが、授業の**「安心・安全」**をベースにした関わりにもなり、**「子ども×大人」の授業観**にもつながっていきます。

「クラスルーム」に全員の感想を掲載する

学級の道徳の授業での感想発表がいつも数名の発表しか出ずに終わってしまい、もったいないなと思っていました。そこで、Googleドキュメントを活用することで、全員分の感想を掲載することを思いつきました。印象に残った言葉に線を引いておき、似た価値観でまとめて紹介します。この実践を「先生の話」の中で続けていくうちに、子どもたちが身を乗り出して聞いてくれるようになってきました。大人が子ども一人ひとりの価値観や関係性を大切にする姿勢を示す。**授業の時間の意見を読むことに楽しい**と感じていることを伝える。**本気の授業は大人も子どもも楽しい**ものです。

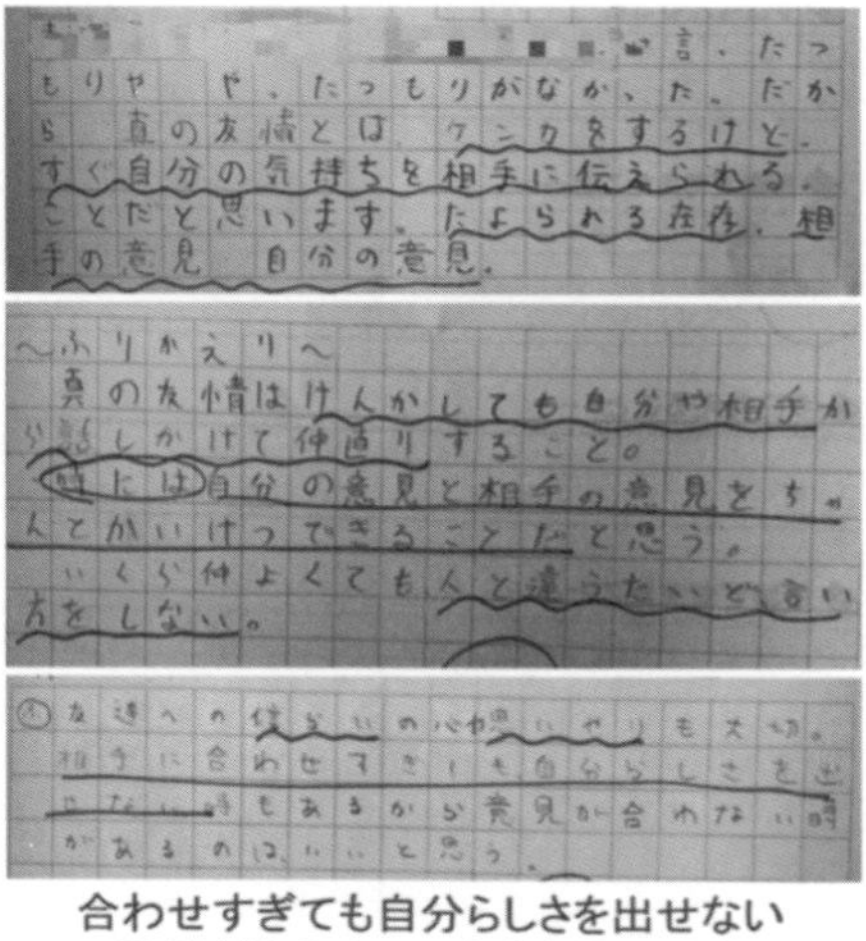

合わせすぎても自分らしさを出せない
→意見が合わないこともあるのは良い

古舘の視点

管理に走る自分に気づく

教室は関係性で決まる。

正直、6年生の子どもたちと関係を拗らせたら取り返しがつきません。その1年は厳しいものになるでしょう。その原因に管理型の教室があります。

私たちは、なぜ子どもたちの管理に走ってしまうのでしょうか。今流行りの言葉で言えば「マウントをとりにいく」ようなことです。「3回注意したら～」もそうです。

もちろん、「約束事」として共通理解したり「理念」が共有されていれば良いのですが、出会った初日に伝えたり、まだ実態がつかめていないのにトップダウンで支配してしまうようなことは、「管理する・される」という子どもとの管理関係を築いてしまいます。

きっと上園先生は、道徳の授業の中で、「一人ひとりを大切にする」「全員参加を目指す」ような、心でつながる関係を目指したのではないかと思います。

授業で関係性を築くという営みをより豊かにしていくためにも、自分の授業がどんな機能を果たしているのかという無自覚な部分に、もっと目を向けるべきだと考えています。

24
子ども同士の関係をつくる

6年生だからこそ、大人が介入する

6年生になるほど、休み時間や自由行動のとき、一緒にいる友達が固定化されます。

それは、知らず知らずのうちに多くのストレスを抱えてしまうことになります。

それが、日々の学校生活を不安に感じるきっかけにもなります。

また、新しい友達関係をつくることができない子どもや、ずっと一人で過ごしてしまう子どもも見られます。

そんな状態を、「しかたがないよね」と言って、放置しておいてはいけません。逆に、6年生までそうしてきたからこそ、大人の手が必要です。

授業で関係づくり

6年生でも、お互いのことを知らない子がたくさんいます。そこで授業のちょっとした時間を使って「自己紹介リレー」をします。

「自己紹介リレー」
①A「私の名前は、○○です」
②B「私の名前は、○○さんの隣にいる△△です」
③C「私の名前は、○○さんの隣にいる△△さんの隣にいる□□です」
④この流れの自己紹介を班ごとに行う。
⑤「名前＋好きな教科」など、バリエーションを増やす。
⑥リレー形式で勝負させることもできる。

友達の名前を呼び合いながら、自然に関係性を育んでいきます。

教師からのフィードバック

ゲームを通して名前が呼べるようになると、子どもたちの心理的な距離が一気に縮まります。これはザイオンス効果とも言われ、こうした小さな関わりが大きな仲間意識を生むきっかけにもなるのです。

フィードバックは次のように行うことがあります。

- 「しっかり名前を呼んで話しかけていたね。礼儀正しくていいね」
- 「友達に呼ばれたらしっかり返事をしていたね。態度が立派です」
- 「周りの人にも声をかけて、みんなで活動できていたね。いいチームワークですね」
- 「いつもの友達以外にも関わって勉強していたね。そういう人を友達と言いますね」

関係をつくるためにゲームなどの関わり合う活動を取り入れていきます。

同時に、教師からプラスの声かけを行い、子どもたちが確実に関わるように仕掛けます。

古舘の視点

教師が介入するという視点

子どもたちの関係性は、6年生になるほど凝り固まっていると感じます。学年が上がるにつれて、関係づくりに臆病になっているとも言えます。だからこそ、教師が介入するという視点が大切で、ゼロベースでコミュニケーションを始めていくべきです。

また、もし授業が対話・話し合いを中心とした構成であるならば、友達の名前を呼びながら学習していくことは必然です。むしろ、名前も呼べないような関係性で豊かな学びができるとも思えません。

教室において、子ども同士がつながっていく多くが「偶然」です。あの子とあの子の仲が良いのはなぜかを説明できない場合がほとんどだからです。波長が合う、居心地が良いなど、その理由を明確にすることは少ないでしょう。

人は、「仲が良いから何かができる」わけではなく、「何かを一緒にするから仲が良くなっていく」のです。そのきっかけが授業であり、教師の介入なのです。この視点をもった授業は、知識を伝達することにのみ終始した授業と一線を画すでしょう。

25 振り返りの書かせ方

育てたい子どもの姿から考える

年度初め、学年を組む先生と「どのような子どもたちに育てたいか」を話し合うことはないでしょうか。

このときに、学年団で話し合った子どもたちの育てたい姿から「授業の振り返り」の型をある程度決めておくことが大切です。

ある年は、学校を引っ張っていく最高学年として、何事においても「自己決定」できる子どもたちに育てていこうと話し合いました。そして、ある程度の型を決めました。

そして、次のような振り返りを1年間行いました。

振り返りのポイント

振り返りを書かせるポイントは、次のとおりです。

⓪本時の自分のめあてを書きます。（苦手な〇〇だけどがんばる）
①本時のめあてに対して振り返ります。（～がわかりました）
②友達の名前を入れて書きます。（Aさんが）
③会話文を引用させて振り返ります。（「式だけでなく、図を使って説明していたのを聞いてわかりやすかった」ので次は真似してみたいです）
④本時の自分のめあてを振り返ります。
（苦手な〇〇だったけれど、最後まで何とか話を聞いてついていくことができた）

『小学6年担任のマインドセット』85ページに書かれているように、育てたい子どもの姿を重視しながらも、本時の学習内容の定着度を把握し、評価することができます。

価値づけ広げる

もしかしたら、「振り返り」が教師主導で行われ、仕方なく「振り返り」を書いている子どもたちがいるかもしれません。担任が意図的に価値づけをし、子どもたちに「振り返りの価値」を示していくことで、それらを防ぐことができます。

【振り返りの型を示す→価値づけ→広げる】
・振り返りに目を通す。→その場で価値づけを声に出して、〇を書く。
・振り返りをタブレット上で共有をする。→TVに映し出し、良い点をほめる。→子どもたち同士でコメントをし合う。
・振り返りが書かれたノートに朱書きをする。→印刷・紹介し、教室に掲示する。
・振り返りを学級通信に掲載する。→学級通信を配布し、朝の会で紹介する。

子どもたちの「振り返り」を大切にし、授業改善に向かう教師でありたいです。

古舘の視点

自由という不自由、不自由の中の自由

知識や技能に関する振り返りだけなら、学校で学ばなくてもいいのではないかと思うことがあります。知識を身につけ、技能を習得するなら、家で動画を見たりオンラインで解説を聞いたりする方がよほど定着するだろうとも思えます。

教室で学ぶのだから、そこに関係性が存在し、やり取りが生まれ、喜びを共有する時間があるはずです。人の話を聞き、自分の中で咀嚼し、噛み砕いて腹落ちさせる時間が有意義に思えます。

だからと言って、授業における友達との関わりを振り返りの中で書かせていくことは容易ではありません。「関わりの中で学んでいる」という自覚や意識をもたせなければならないからです。そういう意味では、三浦先生の「価値づけ広げる」という部分が一番重要だと言えるでしょう。型は子どもたちに不自由さを与えます。「どう書いてもいいよ」というフリースタイルは、子どもたちが迷います。その間をうまく行き来できるような振り返りを書かせるべきです。

26 「学習室」の意識を高める

教室は「学びの場」であり「学び合う場」

ある日、何人かの子どもたちが宿題で出た算数の問題を教え合っている場面に出くわしました。「黒板使ってもいいよ」と伝えると、その子どもたちは「えっ、黒板使っていいんですか?」と聞いてきました。「いいよ。どうしてそんなこと聞くの?」と尋ねると、「今まで休憩時間に黒板使ったことないし、黒板使ったらだめっていうルールだったから」と答えました。

子どもたちは、黒板を教師だけが使うものとして認識していたのです。これは、教室が「教師が教える部屋」であることを強く印象付けていることがわかった体験でした。

しかし、教室は子どもたちにとって「学び場」であり、「学び合う場」です。そして、教室にある黒板も、本も、タブレットも、テレビも教具もすべて、子どもたちが「学ぶ」ためにあります。

子ども同士をつなげる学習室をつくる

それらを、子どもたちが自由に使用できるようにすれば、「教室が学習室である」という意識を高めることにつながります。いくつか紹介します。

・黒板……友達同士で学び合う際に活用している。
・付箋……友達同士で家庭学習に対するコメントを書き合う。
・電卓……子どもたちが必要に応じて活用している。
・ブロック……説明し合う際、必要に応じて活用している。
・白紙……問題を解いたり、メモしたりする際に活用している。　などものを活用することによって、子どもたちの学ぶ姿勢が大きく変わります。

ノートを使って説明する姿、パターンブロックを使って説明する姿、黒板の前に友達を連れてきて説明する姿などです。

このように、子どもたちが学びを選択できる「学習室」をつくることが、学びを愉しむ子どもを育成することにつながると考えています。

黒板を活用して学び合っている姿

お互いのノートに
コメントし合っている姿

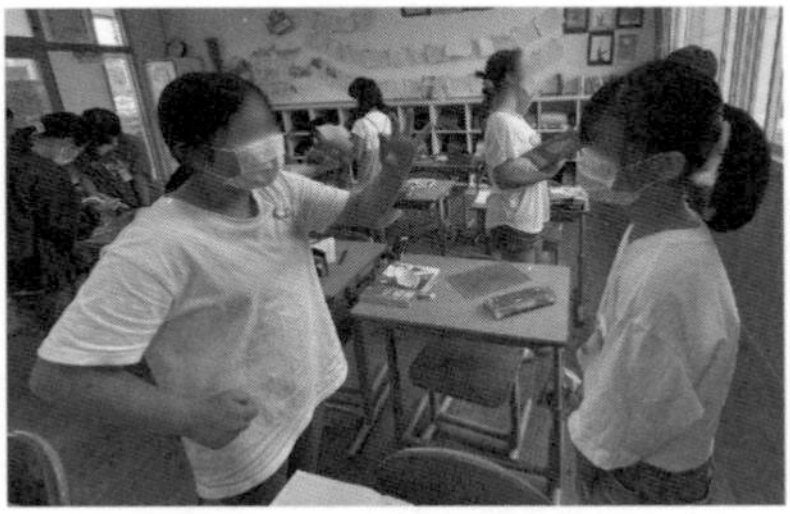

教室の中にダイナミックな学びが
広がっていく

古舘の視点

「悪しき一斉指導」からの脱却

これは、菊池省三先生から教わった言葉です。子どもたちを座らせ、黙らせ、書かせ、教師の一方的な知識伝達につき合わせるような思考停止状態の授業だと考えています。そこに選択肢はなく、能動的な子どもの姿をイメージすることはできません。

もちろん、的確な指示、引き出す発問、わかりやすい説明は必要です。しかし、一斉指導ばかりの授業では、子どもたちを目指す方向に育てていくことは難しいでしょう。

そう考えて山中先生のご実践を読むと、子どもたちに多くの選択肢があるのだろうと察することができました。自由度はあるが、何でも良いわけではない。そんな教室の空気感を想像しました。

教師が頑張る授業も大事です。でも、頑張りどころを間違えた授業は子どもたちから多くの主体性を奪います。先生方は、山中先生が切り取ったような写真を授業中に撮ることができるでしょうか。これは、担任が黒子に徹したり、一歩引いて教室を見たりしているから撮れる写真です。教室が、教える部屋ではなく学ぶ部屋になっている何よりの証拠です。

27 授業の価値づけはこうする

「6年生だから○○は当たり前」はやめよう

6年生を担任すると、「あんなこともできるんだろうな」「こんなところが立派だろうな」と、高い理想像を描いてしまうことがあります。

それが固定観念となり、「未熟さ」や「至らなさ」に目を向けるきっかけになってしまいます。もしかしたら、目の前の子どもたちの頑張りや、授業中の姿を価値づける機会を何度も逃してしまっているかもしれません。

「6年生だから当たり前」と思わず、目の前の子どもたちの「小さな成果」に喜びを感じることができれば、**教師と子どもの関係性を強く太くすること**ができます。

授業で関係性を価値づける

授業では、様々な場面で子どもたち同士の対話を設定し、子どもの姿を価値づけるようにします。例えば、次のような流れで価値づけます。

T：隣の人と「帰り道の登場人物は、誰ですか」と聞き合いましょう。
C1：「帰り道の登場人物は、誰ですか」
C2：律と周也です。
C2：「帰り道の登場人物は、誰ですか」
C1：律と周也です。
T：C1さんの質問にC2さんが答えたときに、相手を大切にして頷いて聞いていましたね。C2さんは、相手が安心して答えられるように笑顔で聞いていましたね。そういう関係性が6年生の授業の空気としてふさわしいでしょう。拍手！

関わりが安心感を生む

授業では、反論を述べる際には、友達の意見を承認してから、自分の考えを述べるように伝えることを原則とし、**意識して対話に臨んでいる子どもたちを価値づけます。**『小学6年担任のマインドセット』（明治図書）にもあるように、**安心・安全をベースにした対話活動にする工夫**を取り入れました。

このような経験から、子どもたちは、友達の良さに目を向けられ、いきなり否定的な態度をとらないといった姿が見られるようになりました。そこで、相手を大切にして授業に取り組む姿勢を価値づけていきました。

また、一緒に学び合うことで、**子どもたち同士の関係性が強く太くなっている**と実感できました。

この安心感により、苦手意識がある授業にも真剣に取り組む子どもたちの姿も見られるようになりました。

古舘の視点

「間違えてもいいんだよ」という言葉が子どもに響かない理由

「うちの学級の子たち、発表しないんです」という悩みは、「高学年あるある」かもしれません。そんな相談を受けることもたくさんありました。そして、その悩みに対して、「間違えてもいいんだよ」と言って安心させようとすることもまた「教師あるある」ではないでしょうか。

子どもたちは何に不安を感じているのでしょうか。それは、「友達」です。決して「間違い自体」に恐れているわけではなく、間違った後の友達の反応や、どう思われるかという少し先の未来に対して不安を感じているのです。

一方、教師は、「正解」に辿り着くために「間違い」を利用しようとしますから、教師にとって間違いが授業のステップとなります。教師にとっては授業を練り上げる材料が得られるので、「間違えてくれてよかった」となります。ここに子どもと教師とのズレが生じているのです。関係性を価値づけることなくして授業を進めては、安心感が生まれることはないかもしれません。

28 授業ではここを見る

子どもの心を育てる

授業の中で「子ども同士の関係性」を見ることが大切です。なぜなら、「子どもたちの関係性が豊かであればあるほど、子どもは大きく育つ」からです。そのため、1日の多くを占める授業を通して、子ども同士の関係性を築いていく必要があります。

授業の中では、主にペアトークに取り組みましょう。

ペアトークは手軽に取り組める実践ですが、「やらせて終わり」になっているケースもあります。

そこで、次のような声かけをしていきます。

ペアトークにおける４つの声かけ

①「隣の人に『わかる？』って聞いてみましょう」【切り込みの一撃】
一言目が決まると対話がスムーズに始められます。この一言目を教師が示しましょう。

②「目線を合わせよう」【アイコンタクト】
目線を合わせると対話中の雰囲気が温かくなります。男女がペアの場合は、特に確認するようにしましょう。

③「笑顔で話そう（笑顔で聞こう）」【笑顔は鏡】
笑顔を通して対話が楽しいものであることを感じてもらいましょう。

④「あいづちを打とう」【反応力】
反応があると、話し手はより話しやすさを感じ、対話が弾むことを実感させましょう。

６年生だからこそ、一言目が決まる安心感や、目線を合わせることの確認で実行に移せます。小さなことほど、丁寧な声かけが必要になります。

対話が当たり前の教室へ

１時間の授業における対話の目安として、短時間（５秒から10秒程度）、多数回（10回程度）のペアトークを取り入れるようにしてみましょう。短時間のペアトークで授業にテンポを生み出し、多数回のペアトークで学級に対話の空気感が生まれます。

子どもたちが、多くのペアトークを体験することで、教室に「対話することが当たり前」という文化ができてきます。

この「対話をすることが当たり前」という学級文化は、授業での教え合いや、学級会などにおいて、一人ひとりの考えを大切にしようとする姿につながります。ペアトークに着目することで、教師は子ども同士の関係性を育む視点をもつことができます。子どもたちの関係性を豊かにし、「授業を通して心を育てる」ことが大切です。

古舘の視点

見えることから見えないことを

「主体的・対話的で深い学び」。この中で、唯一見えるものが「対話的」の部分ではないでしょうか。そうであれば、授業づくりにおいて、笹部先生の言うような「対話が当たり前の教室」を目指すべきだと考えています。

対話が生まれない教室では、「関係性がないから対話ができない」という言い訳を聞くことがあります。これでは、いつまで経っても対話ができるようにはなりません。

ペアトークにおける4つの声かけは、ある意味ハードルが低く、6年生の子どもたちにとって「できない理由」にはなりません。対話をするから関係性ができるのです。

また、笹部先生は、対話的な教室を「学級文化」と表現しています。

ここに、教師の粘り強さのようなものも感じました。「簡単なことを淡々と」行うことは教師修業です。

教室で起こる現象に、子どもたちの意欲や心の高まりを感じながら授業していこうと思えます。

29 「大人×子ども」から「子ども×大人」へ

子どもたちの力を信じる

子どもたちが生き生きと学習に取り組む姿をいつも思い浮かべます。

それは、多くの場合、教師主導・教師中心の授業ではなく、子どもたちが主体となっている授業です。

しかし、どうしても「子どもたちが失敗しないように」という気持ちが生まれ、知識の伝達に終始し、細かい説明ばかりする授業になっていることがありました。

振り返ってみると、子どもたちがもつ力を信じ切ることができていなかったのです。

6年生の子どもたちがもっている力を信じ、授業を変えていきましょう。

子どもたちの力を生かす

次のようにして、6年生の子どもたちの力を生かしていました。

・あえて具体物などを用意せず、自分で考え、解決できるようにする。
・自由な立ち歩きを認め、自分たちで考え合えるようにする。
・黒板を開放し、子どもたちとともに板書をつくる。
・教師ではなく、子どもたち自身に説明させたり演技させたりする。
・子どもたちのノートなどを活用し、見本や手本とする。

このようにして、子どもを中心に教師がかけ合わせるように意識したことで、子どもたちの学ぶ姿勢が変わりました。授業の輪になかなか馴染めなかったあの子も、自分のよさを発揮し、前向きに授業に取り組むようになりました。**大人が思っている以上に、6年生の子どもたちは力をもっている**ということを忘れずにいたいものです。

道徳のワークシートをやめる

私は初任の頃から、道徳の授業でワークシートを使用していました。すると、用意された発問に寄せて授業を進めてしまっていることに気づきました。教師主導・教師中心の授業です。

ワークシートをやめ、子どもたちと一緒に授業をつくろうとすると、「その場にあった発問」「活動のバランス調整」が可能になりました。

特に次の2つの良さがありました。

①子どもたちの発言をもとに授業をつくることができる。
②子どもたちが工夫してノートを取り、一人ひとりに合った方法で考えを深めることができる。

子どもファーストの授業について考えていきたいものです。

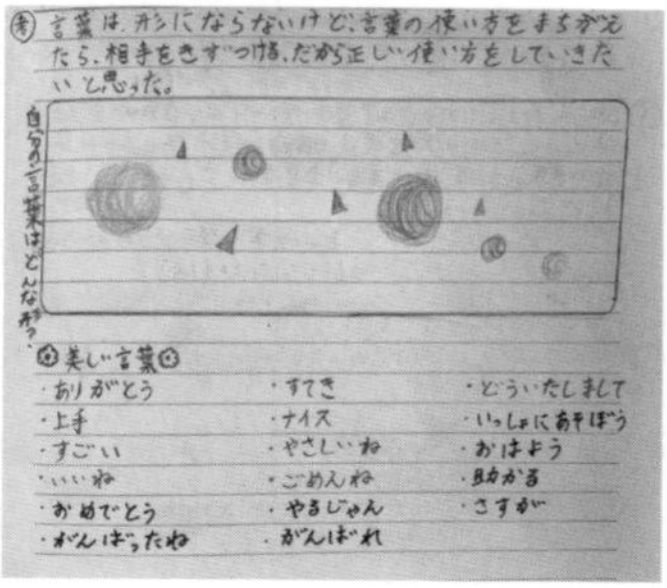

古舘の視点

教師が安心する授業、子どもが安心する授業

誰もが、教室に「安心・安全」を広げるために考え続けていると思います。しかし、それが知らず知らずのうちに大人のためになっている場合があります。

例えば指導案。例えばワークシート。例えば指導計画などです。これらは、結果的に大人が安心するためにつくられたと考えてよいでしょう。もちろん、子どもたちの「わかる・できる」を実現するために指導案を書き始めるはずですが、だんだんと「45分間を滞りなく進めるため」の予定調和に向かってしまいます。

ワークシートもそうです。よかれと思って配るものの、結果的に同じタイミングで同じ道筋を辿るような、思考停止の子どもたちを生み出しかねません。

そこに即興性や臨機応変などという言葉はなく、一律一斉の授業が展開されることになります。安心しているのは「大人」なのです。

前田先生のような、「発言を生かす」とか「かけ合わせる」教師の受けの姿勢が、子どもの安心感を生み出していくに違いありません。

30 授業のＮＧを回避する

ＮＧとわかっていても

そもそも、授業のＮＧとは何でしょうか。いくつか列挙してみました。

・教師がしゃべり過ぎる。
・正解主義になってしまう。
・一対少数になってしまう。
・することが明確になっていない。
・難易度が高過ぎる。
・授業規律が整っていない。

など、様々な状況が考えられます。

これらは、わかっていても陥りがちな現象です。

そうした状況を回避するために、次のような実践を紹介します。

子どもと教師でつくる授業

①みんなわかった？　〇〇さんわかった？

説明後、全体に問い返し、二人ほど指名します。指名された子は「うんうん」や「首をかしげる」など素直な反応を示してくれます。

②意見を子どもたち自身に書かせる

高学年になると、周囲の目を気にしすぎるのでなかなか進んで発表しない子もいます。机上にそっとチョークを置き、黒板に書くように促します。

③学習課題を一緒に決める

子どもたちの板書や発言をもとに授業を組み立て学習課題を決めたり、自分たちで授業を進めたりすることができるようにします。６年生だからこそできる活動です。

常に子どもたちとやりとりしながら、ＮＧを回避して授業を進めていきます。

子どもに委ねる

6年生は内容が難しくなったり、覚えることが増えたりすることにより、1時間の中で確認したいことが増えてしまいます。あれもこれもきちんと理解してもらわなければという思いが先行して、ついつい説明が多くなってしまいがちです。

だからこそ、思い切って子どもに委ねます。

すると、頼られた子どもたちは、自分たちの力で何とかしていこうという力が芽生え初めます。6年生はきちんと自分たちの考えをもっています。**教師に頼らずとも、しっかりと話し合う力があります**。

もしかすると、授業の一番のNGは、子どもたちができないと決めつけ、日々の授業を通して子どもの成長する機会を奪ってしまうことかもしれません。

古舘の視点

「授業サービス」に気づく

「わかってもらいたい」という願いが、教師の説明を多くし、「できるようになってほしい」という思いが、教師のサービスを加速させます。そうやって、教師がサービス提供者になっていくのでしょう。そう考えると、授業のＮＧは、「必要以上のサービスを提供すること」かもしれません。小宗先生が一番に示した「教師がしゃべりすぎる」も、考え方によってはサービスの一つになるかもしれません。

私たちはそうやって、サービスを提供する代わりに子どもたちから多くのものを奪っているかもしれないと考えるべきです。ハキハキした声、わかりやすい説明、明るい振る舞い、丁寧すぎる板書、体験の提供、ヒントカード、ワークシート、練りに練られた指導案など、数えるとキリがありません。

そうしたサービスが、子どもたちの主体性を奪っていったり、思考のチャンスを逃したりすることこそ、ＮＧな授業になっていくのかもしれません。

子どもたちを消費者に育てないこと。それが授業において極めて重要なポイントです。

31 行事の心構え

日常の延長に行事がある

修学旅行や運動会本番は、子どもは頑張るものです。でも、本番の日だけの「点」で考えては、せっかくの子どもの成長の機会を逃すことになります。例えば、「時計を見て行動する」ということを本番だけ意識しても意識できるはずがありません。日常の延長に行事があるのです。本番だけ守らせても、本当の力になりません。日頃の取り組みや小さな頑張りの積み重ねとその延長に行事があるのです。**本番という「点」とそれまでの数々の「点」を結ぶからこそ、子どもたちの大きな成長につながります。**

その意識が行事の質を高めていくはずです。

事前指導は具体的な活動を行う

修学旅行での指導を紹介します。

●見学の仕方を指導する場面（一般のお客さんがいて、ガイドさんがついてくれる）
①体育館にコーンを立てていろいろな道幅を作成する
②道幅や一般のお客さんに合わせて、1～4列になる練習をする
③ガイドさんの話に合わせて集合体系を変える

●旅館の廊下や部屋での過ごし方指導
①子どもを子ども役と一般のお客さん役の半分に分ける
②子ども役の子どもに、悪いと思う過ごし方をしてもらう
③一般のお客さん役の子どもに感想を言ってもらう
④最後に子ども役の子どもに良いと思う過ごし方をしてもらう

このように、具体的に場面を想定して指導します。「こうしなさい」と頭ごなしに言わず、子どもたち同士が気づき合うように促します。

運動会の指導なら、「応援」や「リレーで負けたとき」、反対に「リレーで勝ったとき」の指導を具体的な活動を通して、子どもとともに考えていきます。

無意識的にやってしまう行動に目を向け、意識的にいい行動ができるように指導しましょう。

行事後、どうなっていたいのか意識させる

「本番という『点』とそれまでの数々の『点』を結ぶ」と言いました。しかし、本番も一つの「点」であり、通過点の一つです。本番の行事が終わった後、子どもがどう成長して欲しいか、その後どうなって欲しいか、教師が考えておく必要があります。そして、子どもにも本番前に、「行事の本番後、どうなっていたいか」を考えさせます。そうすることで、子どもも、**行事だけ頑張るということではなく、日頃を大切にする姿勢を身につけさせていきます。**

古舘の視点

子どもの立場になればこそ

もしかしたら、山中先生の実践を読んで「そこまでやる必要があるか」と思われた先生は多いかもしれません。私もその一人です。

しかし、子どもの視点に立って考えてみると、「なるほど」と思うことがいくつかありました。それに、子どもたちは、「そのほとんどの行事を経験したことがない」という前提に立つことができました。

子どもたちだけで旅館やホテルに泊まるのは初めてです。大人であれば、ある程度イメージはできます。でも子どもたちは体験したことがありません。それなのに「狭いよ」とか「静かに」など、抽象的な説明しかしてこなかったなと反省しました。

また、子ども同士で態度面のチェックをし合うことも、教師が子どもを制するような指導からは脱却できます。自分を重ねて俯瞰できる場は、子どもたちにとってリアルな練習の機会になるでしょう。

大人が管理しやすい指導から、子どもが自分で気づく指導にしていきたいものです。

32 行事で目指したい成長のポイント

「こなす」だけの行事にならないために

小学6年生の担任として行事に取り組む際に「目的を明確にする」「児童の意見を取り入れる」「自己評価を促す」といったポイントはわかってはいるものの、忙しい日々の中で忘れがちです。

特別活動の学習指導要領解説には、学校行事の目標として、**「集団への所属感や連帯感を深める」「公共の精神を養う」**の2つが示されています。ここに絞って行なった実践を紹介します。

チョークをバトンに　白い黒板を

行事を通して、どんな力をつけていくのか。考えるのは何も教師だけではありません。子どもたちだって、6年生にもなれば、いろいろな想いや願いをもっているのです。

黒板に白い枠を用意して、「白い黒板」を作ることを伝えます。文字の大きさを提示して、**みんなの言葉で「黒板」を「白板」にする**ことを目指します。グループごとに、チョークをバトンにして、スタートします。みんなで作ることで連帯感や自分のコメントが残ることで所属感を醸成していきます。

手順は次のとおりです。

①チョークを班に1～2本用意する
②一人ずつ黒板に出てきて書く
③チョークを次の人に渡す
④メンバーで繰り返す
⑤20分程度描き続ける

学校生活と行事をつなぐ

所属感、連帯感の次に「公共の精神」について考えます。これも、行事のときだけに限って話をしていては身につくことはありません。普段の生活から、「帰りの会には必ず机を揃える」「掃除を丁寧に行う」「教室に置いておくファイルや教科書は揃える」などの日々の生活の中での子どもたちの光る部分を紹介しています。

何気なく過ごしてしまう部分も、行事に合わせて紹介することで、自分たちの良いところに気がつき、そこから行事での行動や、その先を意識していくことができます。

公（おおやけ）の場
ということを意識する

古舘の視点

オリエンテーションあるある

よく、行事前に学年集会が開かれます。修学旅行などのオリエンテーションを行うためです。開口一番「目的」を語る先生が多い印象です。「何のために修学旅行に行くのでしょう?」と聞きながら、すでに教師の「解」が存在している場合が多く、「しおり」の1ページに記載されていたり、パワーポイントなどのスライドで示されたりすることもあります。上園先生の言う「成長のポイント」は、もう教師が握っているのです。

それ自体が良くないと言っているのではありません。それで終わりにするから深みが出ないのだと考えます。もっと子どもたちに言わせ、語らせ、自分ごとにさせたいのです。しかし、時間的な余裕や発言量を考えると、数人に言わせるのがオチ。だからこそ、菊池省三先生のご実践である「白い黒板」が力を発揮するのです。

白い黒板を読むと、子どもたちは自分たちの成長ポイントを知っています。教師が言わずとも考えているのです。ぜひ、オリエンテーションの前に実践し、子どもたちの気持ちを高めた段階で学年集会を開いてみてほしいと思います。

33 実行委員の組織づくり

こんな行事にしたくない

私は子どもの頃、音楽が苦手でした。音楽会が終わったとき、行事への充実感よりも、苦手な音楽の練習をしなくてすむといった気持ちが大きかったです。今の子どもたちに、同じ思いはさせたくありません。

行事は「こなすもの」ではなく、子どもたちの「成長につなげる」ものにしたいです。そのためには、担任は行事で子どもたちの何を育てるのかゴールイメージをもち、それを子どもたちと共有する必要があります。そして何より、子どもたちが、行事を自分ごととして取り組めるようにする手立てが必要です。

行事を「自分ごと」にする

行事を「自分ごと」にしていくために次のステップがあります。

①実行委員をつくる【子ども】
行事の中心となる実行委員を募る。（人数は各学級から3～4人程度）
②目標を考える【子ども】
個人で書く→全体で共有する→全体共有したものから実行委員を中心に目標を決定。
③目標達成のために何が必要か考える【子ども】
目標を達成させるための手段（取り組みのポイント）を考える。
④活動の進捗状況を確認する【担任】
目標に向けて、子どもたちは活動を進める。担任の役割は、全体を俯瞰し、進捗状況を確認する。必要に応じて、実行委員を集めて話し合う。

子ども主導の取り組みは、自分ごとにしていく最適解とも言えます。

6回目の行事だからこそ

担任がリーダーシップを発揮すればするほど、6年生の子どもたちは自分たちに主導権がないことを感じとります。「やらされ感」に変わる様子は手に取るようにわかります。

行事は子どもたちに任せてみる。そして、担任は見守り、必要なときに介入する。このような心構えをもつことで、行事が子どもたちにとって「やらされ感」ではなく、「自分ごと」となります。

子どもたちにとって、「行事を自分ごと」にすることは、行事を通した子どもたちの成長には不可欠なことなのです。

そのために、子どもたちで実行委員を組織し、自分たちで目標を考え、その目標に向けた取り組みを進めていくことが重要です。

6年生にとっては、6回目の行事です。だからこそ、子どもたちの力で進めることができます。担任の最も重要な役目は、「子どもたちを信じる」ことではないでしょうか。

古舘の視点

「実行委員」という名のスピーカーにしない

子どもたちだけで会の進行ができる。そんな実行委員を組織したいと考えています。しかし、教師の立ち位置は大抵子どもの斜め後ろです。いつでも「口出し」ができる状態で待ち構えています。

言い方は悪いのですが、教師がぼそぼそと言ったことを復唱するような司会進行も見てきました。まるで教師の言葉を子どもというスピーカーが出力しているようだと思って見ていました。

行事という非日常の場面だから、子どもたちはまだ教師の言うことを聞いて同じように復唱します。しかし、復唱すること（先生のスピーカーになること）がわかっているから、学校に戻り、日常を取り戻した子どもたちは班長や会長、代表などを務めたがらないのです。

もっと、そもそも実行委員との距離感や立ち位置を考えて接することが大切です。

子どもたちには、子どもたち自身の声を届けられるようにしたいものです。

34 運動会の指導ポイント

初日に思いを語る

組体操に制限がかかるようになり、６年生の学年演技をどうしようか悩まれた先生も多いのではないでしょうか。私は悩んだ末に、「徒手体操」をベースにした演技を考えて行うことにしました。簡単な動きを全員がそろえて演技することによる「集団美」を目的とした演技です。力強さや迫力がある表現ですから、６年生の醍醐味とも言えます。

指導初日、突然音楽をかけて、私が見本を見せました。半数以上の子どもたちが笑っていました。組体操しか見てきていない子どもたちは、初めて見る演技に戸惑い、抵抗する気持ちもあったのでしょう。私は真剣に最後まで見本を見せ、その後話しました。

何だこれは？と思った人もいたでしょう。初めてのことには、どうしても拒絶反応を起こしてしまうことがありますからね。この演技は、みんなで動きをそろえて「集団の美しさ」を披露することを目的として先生が考えました。一生懸命がんばれば、きっと見ている人に「感動」を与えることができます。がんばらなければ、今あなたたちが笑ったように、見ている人も笑うでしょう。学年目標の「以心伝心」を合い言葉に、みんなで心をそろえて、美しい集団演技を目指していきませんか。

見ている人に「感動」を味わってもらいたいという思いを共有する初日になりました。

客観視させることで、自走可能な状態へ導く

初日に語るだけでは、まだスイッチが入らない子もいます。本当に「感動」を与える「集団美」になっているのか、自分たちの演技はどう見えているのか、自分たちではわからないからです。そこで毎時間の練習を動画に撮り、毎日隙間時間に見せるようにします。

すると、「おー！　きれい！」と、客観視することで自分たちの動きがそろっていることに「感動」を覚えます。こうなれば、子どもたちは自走可能な状態に入ります。教師は**「もっと美しくするには、どうしたらいいかな？」**と問うだけです。

見る人に「感動」を与えるために、自分たちはどうすればいいのか、自分たちで考えるようになります。これを本番まで繰り返していくうちに、子どもたちは自分たちの大切な学年演技であるという自覚をもち、一生懸命練習に取り組んでいきます。

自信になる

本番、演技を披露した子どもたちには、たくさんの拍手が送られました。一生懸命練習してきたこと、たくさんの「感動」を与えることができたことが子どもたちの自信になり、その後の学校生活にも生かされたように思います。

初めは笑っていた子どもたちも、数ヶ月後の修学旅行先で「先生、音楽かけて」といって、旅行先で踊っていました。

古舘の視点

「やっと終わった」から「もう一度やりたい」へ

運動会の演技ほど、達成感のある行事はないかもしれません。大トリを務める6年生への惜しみない拍手は、何にも変え難いプレゼントそのものだからです。

何年も連続して6年生を担任していると、その最終演技と拍手をイメージして指導できますが、例えば初めて6年生を担任する先生や、飛び込みで6年生を担任される先生は、毎日の指導で精一杯かもしれません。

すると、運動会終了後には「やってよかった！　またやりたい！」と思う一方、「やっと終わった」「これで練習がなくなる」と安堵する先生がいるかもしれません。子どもたちも同じです。運動会最終日で燃え尽きてしまう子と、「楽しかった！　またやりたい」と思う子がいるかもしれません。

ここに大きな目的意識の違いがあると思います。確かに、運動会は短期的な一つの目的となり得ます。しかし、長期的に考えると通過点です。「運動会を通して」という目標や手段とも考えられるでしょう。子どもたちの心に根ざす運動会を目指してみたいものです。

35 修学旅行の指導ポイント

目的意識をもたせる

6年生の子どもたちにとって修学旅行は、1年で最も楽しみにしている一大イベントです。そのため、学校の延長線にある行事ととらえずに浮足立っている子どももいます。そのままの状態では、「活動あって成長なし」の行事として終わってしまいます。だからこそ、**目的を明確にして、何のための修学旅行なのかを共通理解しておく**必要があります。

そこで、学級ごとに修学旅行の目的について話し合い、学年集会で共有し、学年でのテーマを決定します。

一例ですが、「平和・主体的・一致団結」というテーマがありました。

いつでもこのテーマに立ち返ることで、目的を見失わずに活動することができます。

非日常を日常に

修学旅行は、いわば非日常の経験です。その非日常における経験を日常の生活に生かすことができて初めて、学校行事としての意味があると思っています。

平和について学んだからこそ、友達を大切にしようとしている姿があるはずです。主体的な姿を意識して過ごしたからこそ、日常の中に主体的な姿が生まれているはずです。一致団結したからこそ、束になって伸びようとしている場面があるはずです。

そのような子どもたちの姿を見逃さず、教師自身が非日常を日常に生かすという意識をもつことができれば、行事を通して子どもたちを大きく成長させることができます。

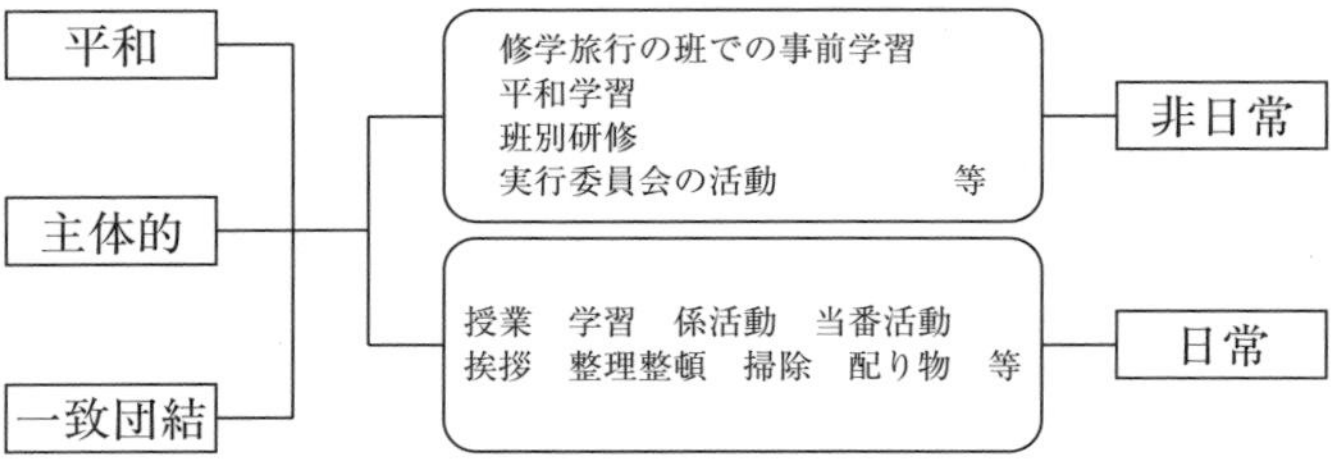

合意形成を図る

私の学級では、次のような方法で班別研修の班や宿泊メンバー決めを行いました。

①「誰一人傷つけない形で決める」というグランドルールをつくる。
②決め方の案を出し合う。
A案：自分たちで決める。　B案：担任に決めてもらう。
③担任として考えていることを語る。
④A案とB案を組み合わせたC案を検討する。
C案：子どもたちの意見を尊重しながら、担任が決定する。
⑤誰一人傷つけない形であるかどうかを全員で再確認し、C案に最終決定する。

このように、担任と子どもたちで合意形成を図ることが、子どもたちの納得感につながります。先生方の学級でも、それぞれの実態に合わせて考えてみてください。

古舘の視点

決めてほしいという潜在意識から抜け出す

修学旅行の班決め、部屋決めほど神経質になる時間はありません。自己決定という大きな選択を持ち合わせているからです。修学旅行当日よりも鮮明に記憶が残るほど印象強いのが、この班決めや部屋決めです。

自己決定には多くのエネルギーを使います。自分の心と折り合いをつけるという責任が自ずと伴うからです。場合によって、「あの子がいい」「この子は苦手」という自分自身の主張が前面に出ます。関係性が大きく揺れ動き、1年を棒に振ってしまうケースも経験してきました。

考えてみると、教師はどこか「子どもたちの自己決定」という言葉に頼り、責任を押し付けようとします。子どもは「そうなってしまったから仕方がない」とどこか他責思考で受け止め、不満そうにします。どちらも、相手・他者に依存しているのです。

この解決方法の一つが、前田先生の合意形成の在り方なのでしょう。全員で責任を負う心構えが見えるようです。ぜひ、「自分の学級なら」という方法を探ってみましょう。

36 学習発表会の指導ポイント

見栄えを気にしすぎない

入学式、運動会、学習発表会、そして卒業式。行事の多くが保護者の参観とともに行われています。

すると、教師として「**子どもたちが失敗する姿を見せるわけにはいかない**」という思いから、失敗に対する先回り指導をしてしまいます。教師がポイントを絞ったり、テンポ良く指導したりするなど、一斉指導をしてしまっていたのです。6年生ならなおさらです。

それは、学習発表会などにおいて、「見栄え」を気にしてしまうからです。「せりふを大きな声で言う」とか、「合唱は綺麗なハーモニーで」の指導などです。

「好き」を選択できる土台をつくる

先を見通した指導や、スモールステップの指導を批判するわけではありません。

ただ、卒業式や学習発表会を考えた際に、子どもたちの学びを試す場という視点で、考えてはいかがでしょうか。6年生の子どもたちにとって、教師の手厚い指導が本当に子どもたちのためになっているのかを問い直したいのです。

そのために、見栄えよりも子どもの心の動きを大切にしていきます。

子どもたちが**「好き」を選択できる**ようにするための方法を**3つのポイント**に絞ってみました。

①一人ひとりの「好き」を見取る

様々な授業を行う中で、一人ひとりの嗜好を観察し、　をかけ、認めていきます。

②力を発揮できる会場と時間を設定する

広さが必要な場合は体育館。静けさや一体感なら視聴覚室など、練習時間や本番の設定時間も伝えることで見通しをもたせます。

③失敗を見据えて先回りしない

失敗のフォローをしないわけではありません。

あくまでも、先回りして失敗させない指導にならないように意識します。


6年生の学習発表会は、特別何かを見せつける必要はありません。これまでの成長を、ありのままに表現するだけで、最高のパフォーマンスとなり得ます。

これを学習の成果の集大成として位置付け、主体性を発揮する場にしたいものです。

それは、**教師のプロデュース力**にかかっているとも言えます。

古舘の視点

たった5秒の出番

我が子の学習発表会を見にいったことがありました。積極的ではなく、どちらかといえば静かに過ごしている子です。体育館に入り、しばらくすると、子どもたちが入場してきました。我が子の場所を確認できました。そして、会がスタートしました。

私は、「いつ出番が来るのか」と少し気持ちを引き締めてみていました。そしてやっと、セリフを言ったのです。その時間たった5秒ほどでした（笑）。

この時間に文句が言いたいわけではありません。学年４クラスの人数と与えられた時間を考えると、最適解です。我が子もその５秒に全力でしたし、それでいいと思います。

しかし、考えました。この５秒のために、何時間の練習を費やしたのだろう。もっと費用対効果が得られる練習方法はなかっただろうかと…。

子どもにとってみれば、40分の発表で35分は座っている（合唱が1曲あった）のです。練習期間に換算すればもっと、もっとです。

上園先生のようなプロデュースにこそ、「心不在」を回避するヒントがありそうです。

37 停滞期の乗り越え方

必ず通る道

行事における停滞期を避けたいと願うものですが、停滞期も含めて行事だと捉えると、気持ちが少し楽になります。

停滞期の特徴をいくつか挙げてみます。

・取り組む児童が一部になってしまう。
・目的を見失っている。
・決め事はあるが、過程が不透明。
・子どもと教師の思う完成度の誤差が大きい。

・発表時期が近くなっても、子どもたちの緊迫感がない。
このようなとき、停滞している、その傾向が強いと言えると考えます。

くさびを打つ

そんなときこそ、教師の出番です。ここで大切なのは、教師が答えを出してはいけないということです。あくまで子どもたちの学びの機会としなければなりません。

教師がすべきことは2点です。

①リーダーを鼓舞する

多くの行事で、リーダーや実行委員などの中心人物がいます。しかし、停滞期と言われる状態では、「みんなが何もしてくれない」と歯車が噛み合いません。

そこで、**リーダーと一緒に「みんなにしてもらいたいことは何か」を確認します**。同時に、「あなたならできるよ」とそっと背中を押します。

②プチリハーサルをしてみる

実際にクラスや一部の人の前で発表してみることで、**他者意識**が生まれます。また、個々の役割と軽重のバランスを確認することができます。遊んでいたり、何をして良いかわからなったりする子どもはなかなか自ら「どうしたらいい？」と聞くことはできません。そのきっかけをつくるためにも、プチリハーサルは必要になります。

成長への価値づけ

あるとき、給食の準備の時間に、準備をそっちのけでタブレットを触っている男の子がいました。その子を呼び、何をしていたのかを聞いてみると「明日の話し合いに向けて、やることをまとめていました」と教えてくれました。

その男の子は児童会に所属し、責任感が強く、優しい子だったので、「全て自分がなんとかしなければ」と思っていたようです。どのような状況であれ、やる気をもった子、目を輝かせている子は必ずいます。

そうした子が一人歩きしないよう「他の人に任せることの良さ」や「お願いができるのはあなたしかいない」ことを伝え、その子が真のリーダーへ成長する一助になるように学校行事を活かしたいものです。

古舘の視点

時間が味方してくれると信じて

世の中には、上り坂、下り坂の他に「まさか」と思うようなことがたくさんあります。行事などはその典型的な例で、どれだけ計画を立てても子どもたちの心を一定期間ずっとコントロールすることはできません。

その心の乱れや、一人ひとりのベクトルの違いが、大きくみて「停滞」を感じる要因になっていると感じます。

小宗先生のように「停滞期も含めて行事だと捉えると、気持ちが少し楽になる」と感じられるならよいのですが、やはりストレートな右肩上がりの直線をイメージしてしまうと焦りが先行してしまうのも頷けます。

ここで考えたいのは「停滞期」という言葉には一定期間が存在するということです。停滞していたとしても、時間が解決してくれる場合があるということです。

いざ運動会や修学旅行が明日に迫れば、いい意味で勝手に浮上するのが子どもです。時間は、大人が手を打つよりも効果的に子どもたちを停滞から浮上に導いてくれるでしょう。

38 トラブルの乗り越え方

トラブルを成長に

行事において「トラブル」は必ず起こるものです。「トラブル」は成長過程なのです。

5月の体育大会。応援合戦の練習が始まると、子どもたちはわくわく感をもって準備に取りかかっていました。しかし、しばらくすると、「先生、真剣にやってくれない人がいて悔しいです」という声が挙がりました。私は、この声に寄り添い、一緒に解決しながらも、学級全体に「トラブルを成長につなげよう」と語り聞かせました。

トラブルを悲観的に捉えるのではなく、「成長させるチャンス」と捉えることのできる教師のマインドこそが、行事におけるトラブルを乗り越える鍵だと思っています。

トラブルを予想する

トラブルを予想しておくことで、トラブルが起こったときに客観的に分析し子どもたちの成長につなげられます。例えば、応援合戦では、次のようなトラブルが予想できます。

・リーダーに落選した子どもたちの意欲がなくなる。
・楽をしようとするリーダーが出てくる。
・副団長が団長に頼りっぱなしになる。
・リーダー以外の子どもたちが力を発揮しようとしない。
・子どもたち同士で意見がぶつかる。
・役割分担がうまくいかず、一人に負担がかかる。
・全体的にだらだらとした空気感が流れる。

等

事前にトラブルを予想しておけば、悲観的になることはありません。

普段と変わらない

行事でのトラブルを乗り越えられるようになれば、普段の学校生活におけるトラブルも同じように乗り越えることができます。

①トラブルの芽がないかをよく見ておく。
②どのように成長につなげるかを考えておく。
③トラブルが起こる。
④一緒に（もしくは、子どもたちだけで）乗り越える。
⑤変容した姿を価値づける。

このように、日常生活でも「トラブルを成長につなげよう」という意識をもって指導していくとよいでしょう。

古舘の視点

トラブルはアクションを起こした証拠

子どもたちは、行事を楽しみにしています。非日常的な活動だからです。そして、6年生で最後の行事になるからです。もしかしたら、表面上ネガティブな態度をとっていたとしても、本心は楽しみに違いありません。

そんな中で起こるトラブルは、そのほとんどが意見の食い違いによるものです。言い換えると、一人ひとりの子どもが自分の考えを主張し始めたと考えることができます。

誰だって、トラブルを起こしたくて起こすわけではありません。でも自分の中にある主張を通したくてぶつかり、結果的に「トラブル」に至ります。

これは、子どもたちにとってみれば成長のチャンスです。教師の役割は、トラブルを回避、解決することではなく、子どもたちが「自分の意見」に気づくこと、そして「主張する喜び」を感じさせることです。前田先生のいう「成長につなげる」という感覚です。

こうした場で自分を出せるようになっていく子どもたちは、間違いなく日常的に成長を見せるようになるはずです。

39 行事ではこう語る

子どもたちのことを第一に

６年生の子どもたちを相手にしていると、つい担任の思いを一方的に伝えてしまいます。６年生だからこそ目指せる高みを望んでしまうからです。目の前の子どもたちのことを第一に考えることができず、子どもたちのやる気を削いでしまったと思われたことはありませんか。子どもたちのことを第一にと考えていても、子どもの思いではなく、担任の思いを優先してしまったと後悔することがあります。

だからこそ、**届けたいことを明確にしつつ、子どもたちの心に響かせることを第一に考える**必要があります。

ベストなタイミングで語る

行事を通して、子どもたちには何度も話をします。その多くが、指示や説明です。

例えば、運動会では、子どもたちの意欲が二極化していることがあります。かっこいい姿に憧れてワクワクしている子どもと、運動なんて嫌いという苦手な子どもです。

ですから、ある程度の指示や説明で一体感をつくっておくことが大切で、そのために何度も指示や説明をします。

しかし、語りに関しては、その効果を最大限に発揮するために、ベストなタイミングでズバッと語ることが大切です。

ベストなタイミングを3点挙げてみました。

①表現運動の形が揃ったタイミング（動きの失敗がなくなってきた段階）
②予行練習や本番が近づいたタイミング（見られる意識が高まった段階）
③最後の運動会であることを忘れかけているタイミング（目的不在に陥った段階）

③のタイミングでは、次のように語ります。

今日の練習の様子は、今までで一番真剣味を感じなかった。本番、表現運動を見る人たちに、どのような姿を見られたいのですか。自分の心に問いかけ、自分の心に言ってください。このままだと、６年生がもっている本来の力を出せずに本番が終わります。今まで一生懸命、練習してきた姿を知っている先生達は、６年生の実力はこんなもんじゃないと思っています。今日の練習の雰囲気のまま本番を迎えたら当日、後悔すると思います。明日、本番だと思って１２０％の力で、一度だけ通します。

と一気によどみなく語りました。

最後の通しは、大きな声、気迫のこもった動きなど今までで1番の演技を見せてくれました。その姿から、**子どもたちの心に響くベストなタイミングを見極めて語ること**ができたのではないかと感じました。

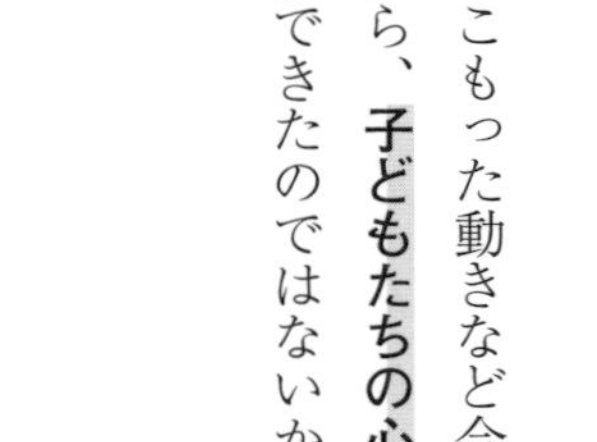

古舘の視点

チームワークを大切に

語るタイミングをいくつか例示していただきました。これは、実態によって変わってくるでしょうから、先生方がそのタイミングを掴む必要があります。また、単学級でない限りは、学年団の先生方の力を借りると良いと考えました。

6年生の行事は、少なくとも実働1か月、構想も含めると2か月弱はかかるでしょう。ワンマンで乗り切れるほど容易ではありません。

三浦先生の語りを読ませていただきましたが、正直「厳しいなあ」と思うこともありました。でもきっと、それまでの関係性や子どもたちの空気感があってのことと思います。そして、最後の1回に対して学年団の先生方からの話もあったと思います。

そうやって、担任同士が役割分担をしながら子どもたちを育てていく視点が隠されていると感じながら読ませていただきました。

学年の同僚性が豊かであれば、たいていの行事は乗り切れます。子どもたちを育てていくのは、決してあなた一人ではありません。学年団というチームを大切にしてください。

40 行事の締めくくり方

「達成感」の一歩先へ

6年生にとって、小学校生活最後の行事は特別なものです。そのため、どの行事でも、終えたときには**「最後だからこそ」の達成感**が味わえます。

また、行事を通した自身の成長や学級の一体感を感じることができるでしょう。

行事の締めくくりには、子どもたちがその行事で何を感じ、何を学んだのかを大切にします。

子どもたちが感じたこと、学んだことを振り返り、学級に見える形で残していくことで、年間を通した子どもや学級の成長につながるのです。

成長の歴史を残す

私の教室では、行事の目的や目標を掲示物にします。行事が終わっても、その掲示物（目標）には、子どもたちが感じたことや学んだことを加筆して残します。そうすることで、行事ごとに学級の成長を積み重ねていくことができます。

下の写真は、校内陸上記録会の掲示物です。

- **行事名を書く**
- **目的や目標を掲げる**
- **振り返りや写真を加える**

このように、行事を通した成長を可視化し、年間を通して立ち返ることができるようにします。

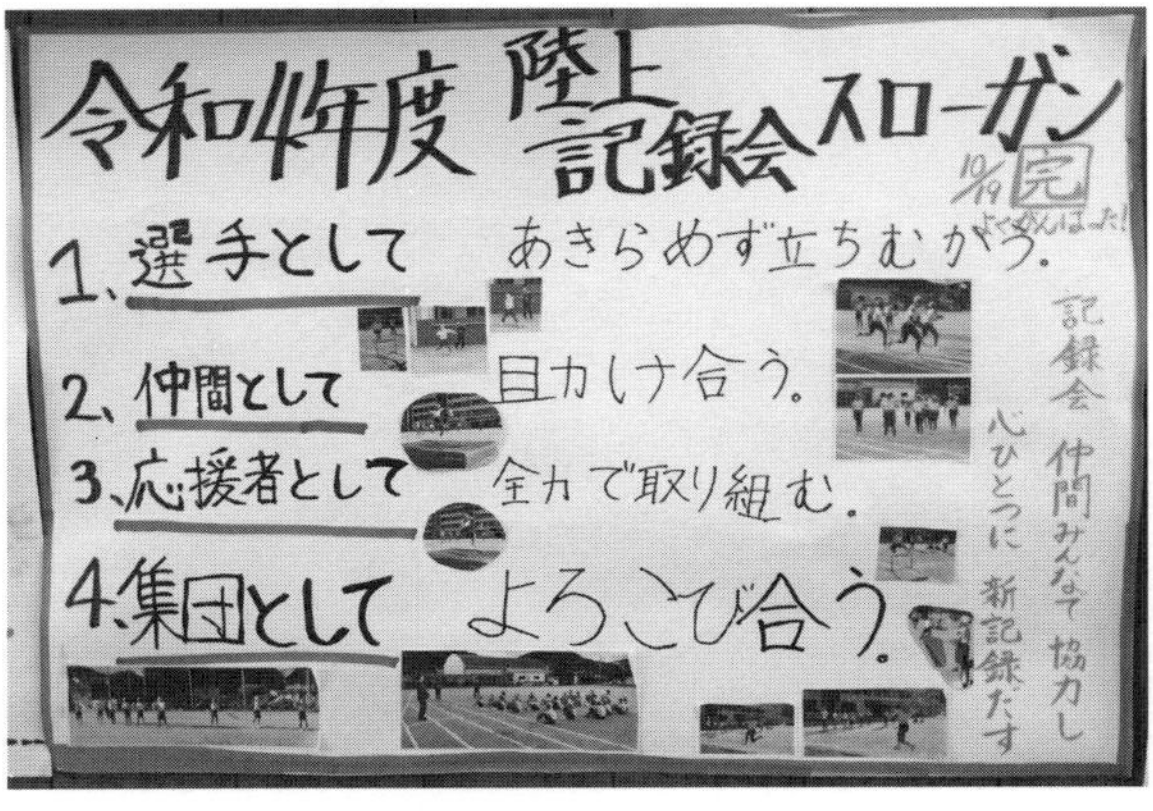

行事は通過点である

行事が終わると、目標を見失い、授業に集中できなかったり、トラブルが頻発してしまったりする学級があります。それは、子どもたちが行事を日常と切り離し、特別なものだと捉えているからです。だからこそ、担任は、行事は通過点であること、行事での成長を日常とどのようにつなげていくのか、考える必要があります。

行事での成長を掲示物で残しておくと、いつでも行事で学んだことに立ち返ることができます。「運動会では○○を学んだね」「修学旅行では○○だったね」というように、日常の中で思い返すことが可能になるのです。

担任には、意図的に一つ一つの行事への取り組みを開始し、意図的に行事を締めくくることが求められているでしょう。

古舘の視点

積み木を積むように

行事で得られる成長の大きさは計り知れません。非日常という特殊な環境が、子どもたちの様々な面を鍛え、育ててくれます。とても貴重な機会です。

同時に、笹部先生の言うような「行事は通過点である」という考え方も大切です。年間200日あるわけですから、年間を通した育成を抜きにして行事を語ることはできません。子どもたちの成長を「行事だのみ」に限定してしまってはならないのです。

その視点で考えると、「学級の歴史」として非日常を日常に溶け込ませていく実践は非常に有意義だと感じました。

きっと、始まった時点でもう終わりは見えていて、でも、ゴールテープを切るような横軸の取り組みではなかったのでしょう。締めくくる、どちらかといえば、「行事を束ねる感覚」に近いのかもしれません。

そんな行事の在り方が子どもたちの満足度を高め、確かな成長の足跡となっていくのでしょう。

41 個の叱り方

叱る前に理解する

高学年になるほど、「自分の思うようにしたい」「大人に干渉されたくない」と思うようになります。自立に向かい、主張が強くなって当然とも言えます。

それに対して何でもかんでも大人が、「〇〇しなさい」「〇〇はだめ」と押し付けていては反発が起こるのも当然です。

「叱る」という行為の前提として、「高学年児童の特性」を理解しようとすることが大切です。

また、「家庭環境」「友達関係」「学力状況」など、一人ひとりを捉えることが大切です。

一緒に考える

何かトラブルや問題を見かけたとき、「どう声をかければいいのか」と悩みます。そんなとき、声をかける一言目を決めておくと、落ち着いて、対応できます。

次のような言葉です。

- **「どうしたの？」……子どもに寄り添う一言目**
- **「何かあったの？」……共感的態度を示す一言目**
- **「大丈夫？」……子どもの言葉を引き出す一言目**

この一言目を意識することで、「こら」「やめなさい」など、突然怒ることが減り、落ち着いて子どもと接することができます。

そして、子どもの話をよく聞くことで、教師も子どもの気持ちを知ることができます。

その上で、「じゃあ、どうすればよかったのかな」「その気持ちはわかった。でも、本当はどうしたかったの」と一緒に考えるようにします。それが、**自分自身で自分の言動の善し悪しを考えられ、自律を促す「叱る」につながるのです。**

「叱る」「叱らない」の先を意識する

今の風潮として、「叱らないことがよい」「ほめて伸ばす」という雰囲気があります。それを誤って捉えると、「子どもをただただ甘えさせる」や「子どもへの指導放棄」になってしまいます。

先ほどの「一言目を決める」も、叱ることが苦手な人がまず意識すべき一歩目として提案させていただきました。その「方法」に縛られてばかりだと、本当に「個とつながること」は難しいでしょう。

「叱る」「叱らない」以前に、目の前の子どもたち一人ひとりに関心をもち、試行錯誤し、悩み、苦しみ、ひたすら考える。その過程で、その子に適した指導法や接し方が見つかり、ひいてはそれが、自身の教育観の形成につながるのでしょう。

古舘の視点

関係が太く強くなる結末をイメージする

個を叱るということは、その子との関係を太く強くするということです。

山中先生の「一言目」は、確実に子どもとの距離を縮めます。叱った後は、お互いに山を一つ乗り越えた同志になっているはずです。

どうしても「叱る」を考えると、「どのように」という過程の話や、切り返しの仕方をハウツー的に考えることがあります。もちろん、セオリーのようなものがあり、NGだってあります。しかし、叱った後の関係性をイメージすることはあまりないかもしれません。

しかし、子どもたちによっては「あのとき叱ってくれて」とか「古舘先生に叱られたから」と口にすることがあります。子どもたちにとって、叱られた経験が良い意味で心に刻まれているのです。

卒業生していった子どもたちを思い出すと、良くも悪くもたくさん叱った子どもたちの顔が浮かびます。その子たちはきっと、私にとって関係が太く強い子です。

42 集団の叱り方

多様な子どもたちを一度に叱る

叱るときは、子どもの「成長」や「行動変容」を目的とします。この目的があれば、担任の叱るときの言葉づかいや語り口調、内容は丁寧になると考えています。

教室には、異なる性格、様々な趣味をもった子どもたちがいます。集団を叱るとは、このような「多様な子どもたち」を一度に叱るということです。

毎日、担任は多様な子どもたちが活躍できるための教育活動を考えます。それと同様に、担任は叱るときも、それぞれの心に届くようにするために試行錯誤する必要があります。

集団を叱るときに意識すること

集団を叱るポイントは次の４つです。

①キーワードを決める
「叱る内容にタイトルをつけるなら？」と自問し、話の核となる言葉で叱る。
②語り口調を意識する。
声の大きさやスピードを使い分け、一文一義、会話文の引用、倒置法を活用する。
③文末を意識する。
「～ですよね」、「～ですか」を活用し、子どもたちに伝わっているか確認する。
④黒板を使う（教室の場合）
黒板にキーワードを書いたり、イラストを描いたりして、子どもたちに伝える。

このポイントを意識することで、多様な子に対して丁寧に思いを伝えることができます。

「湧き出る言葉」を大切にする

この4つのポイントは方法の1つにすぎません。この他にも、たくさんの叱り方があります。

一方で、叱るときに最も大切なことは「方法」ではなく、担任の「本気の心」が大切です。「本気の心」が、叱るときに大きな影響力をもつからです。

期待と不安を抱きながら最高学年になった4月の子どもたちの姿、授業や行事で見られる子どもたちの頑張っていた姿、伸び悩み、葛藤を抱えながらも学校のリーダーとして役割を全うする姿など、担任は様々な子どもたちの姿を見ています。

まずは、うまく伝えようとせず、「本気の心」から「湧き出る言葉」を信じて、子どもたちに伝えてみましょう。たとえ、その言葉が拙いものだったとしても、担任の「本気の心」は声や表情を通して、子どもたちに届くはずです。

古舘の視点

「集団」を叱るではなく、「30人」を叱るという感覚

笹部先生は古舘学級を参観したことがあります。放課後、「古舘先生が話しているとき、叱っているのか、でもほめているのか、聞きながら考えることがあったんですけど、あれは叱っていたのですか？」と聞かれたことがありました。これまでにない質問でした。

そのときは、教室のダラッとした雰囲気を「叱った」つもりでしたが、学級のもっている力を自覚してほしいという意味では「ほめて」いました。

集団を叱るとき、気をつけていることがあります。それは「多くが無関係であること」です。例えば「授業中うるさい」とか「廊下を走っている」とか「忘れ物があった」などで叱るとき、きっと8割はうるさくなく、走っておらず、忘れていません。関係者は残り2割です。そう考えると、自ずと話の内訳も2：8ほどになります。単純に考えると、2分は2割に向けて叱り、8分は8割に向けてほめるような感覚です。

ぜひ、『学級を育てるばっちりトーク』（明治図書）を参考にしてみてください。

43 個々をつなぐ叱り方

子どもたち同士の横のつながりを強くする

6年生に学年があがるにつれ、学級のまとまりが強くなっていればいいと思います。しかし、課題の多い学級ほど個々がバラバラです。「私はやっているから大丈夫」「ぼくは関係ない」というような、**自分のことしか考えない子がいます。**

そして、友達が「はみ出し」「落ちこぼれ」ても気にせず、「できない子が悪い」と見てしまうのです。

叱っても「その子」だけの問題になってしまい、学級として捉えられないのです。

そんなとき、子ども同士をつないでいくような叱り方が必要になります。

個々に叱りながらも、全員の心に響かせていく

何か教室で不適切な行動があった際、その不適切さを切り捨てることなく、子どもたちに返していく指導を教師自身が強く心がけていくべきです。

(例) 授業中に私語が止められず、私語を二人でし続けている場合。
T：○○さんと○○さんが、授業中に休み時間の話をやめられなかったけれど、6年○組のみんなは、二人にどうなってほしいと思っていますか。
C1：一緒に授業を受けられるようなってほしい。
C2：このままではいけない。だから、声かけをして話を止められるようになってほしい。
T：先生は、二人は変われると思っているんだけど、みんなはどう思うかな。
C3：二人は、毎日ではないけれど、できているときもあるから変われると思う。
C4：周りのみんなが声かけをすれば変われると思う。

いつも不適切な行動が目立ってしまうAさんがいました。子どもたちは、Aさんとは関わりたくないと言っていました。まさに、「できない子」を切り捨てている状況でした。

だから、Aさんを学年のみんなで成長させるために、Aさんは隣の学級でも授業を受けたいと言っているし、成長をした姿を隣の学級の子どもたちにも共有するために、1日だけAさんが隣の学級で過ごすことになりました。

隣の学級の子どもたちは、Aさんと過ごすことを否定的に捉えていました。が「Aさんだって成長しているかもしれないし、1日一緒に過ごそうよ」と提案を受け入れてくれました。実際に、Aさんと過ごしてみると「普通に授業を受けられるなんて驚いた」「お互いに成長を感じられたいい機会になった」と、子どもたちが肯定的に捉えていました。また、その反応をAさんに伝えると、「自分の成長を知ってもらえて良かった」と笑顔を見せてくれました。このような不適切な行動を個に叱るだけでは、モグラ叩き状態になってしまい、その子どもが不適切な行動を改善する可能性は薄いです。だからこそ、教師が子ども同士の関係性をつくることを意識し、**個々をつなげて「叱る」ことで、全員の心へ響かせる**指導につながっていくでしょう。

古舘の視点

子どもは環境で変わる

教師が叱って子どもが変わる。そんなことが可能なら、日本中の子どもたちは一斉に変わっているはずです。しかし、現実はそうではありません。

つまり、環境によって叱られる状態がつくられるのです。学級が変わる。担任が変わる。環境が変わる。ですから、多くの場合、環境を整えるだけで叱る回数は減ります。叱らずにすむようになります。

その環境の大部分を占めているのが人的環境です。教師や友達になります。特に、友達との関係が悪ければ、叱られてしまうような状況が生まれやすくなるでしょう。

逆に、友達が認めてくれる、受け入れてくれるような環境（関係性）を生み出せば、叱られるようなことが少なくなり、むしろ学習態度などは好転するでしょう。

叱る空気のとき、子どもたちはきちんと善悪の判断ができます。その判断を良い意味で利用し、根本から原因を断つのです。関係性のある環境でこそ子どもたちは育つのです。

44 タイミングの見極め方

「ほめる」も「叱る」も思いやり

「ほめる」も「叱る」も、子どもたちの「成長」を第一に考えた言葉かけ、つまり、思いやりです。この軸がぶれてしまうと、子どもたちの成長ではなく、教師側の都合を第一に考えた関わりになってしまいます。子どもたちを思いやるからこそ、タイミングを考えるようになります。突発的な指導ではなく、「今、これを伝えることは、この子にとって意味があるのか」と考えるようになります。そして、ときには「この子の心を動かすことができるのは、今じゃない」と待つことができるようになります。**6年生という多感な時期だからこそ、タイミングを見極めることが大切**です。

今が伸びるタイミング

6年生3学期の1月。集団としての力が高まり、成長スピードが上向きになっている時期のことです。体育の時間、チームで代表者を決めて競う活動をしていました。すると、いつもはすぐに決まるはずの代表者が2分経っても決まりませんでした。「○○さん、やったら?」「したことない人?」「したい人いる?」という言葉だけが飛び交っていました。まさに、他責思考です。そこで全員を集め、毅然と次のように言いました。

「正直、6年生のこの時期になって、こんなことに時間がかかるのかとがっかりしました。みなさんの集団としての力はこんなものですか。1分で決めなさい。どうぞ」

その後、5秒で代表者が決まりました。「私、やるよ!」と勇気を振り絞った子がいたからです。そこですかさず、**「こうやってすぐに改善して成長しようとできるところがみなさんの良さですね。失敗を成長につなげようという意識が素晴らしいです」**と価値づけました。

子どもたちの日記を見ると、この出来事について振り返っているものがたくさんありました。次の週、同じ活動をしたときには、次々と代表者に立候補する子どもたちの姿がありました。他責思考から自責思考に変わり、成長しようという姿が見られた出来事でした。そして、学級としての成長をみんなで喜び合いました。

見逃してもおかしくないこの出来事で、「今だ！」と思って叱り、ほめたのです。

タイミングを見極めるポイントは次の５つです。

１　子どもたちにとっての全力だったかどうか
２　教師と子どもたちとの関係性はどうか
３　その関係性において伝える内容と量が適切かどうか
４　教師が心からそう思っているのか
５　本当に子どもたちのためになるのか

特に、**「本当に子どもたちのためになるのか」という視点**が抜け落ちないように意識して、タイミングを見計らっていくようにしましょう。

古舘の視点

半端なほめる（叱る）は見抜かれる

机間指導をしながら、「いやぁ、すごい」「うわあ、やるなー」「おお、大したもんだ」とつぶやいていました。すると、ある女の子に、「先生、今テキトーに言ってますよね」と言われました。言葉は悪いのですが、「子どもだまし」を見透かされたと思いました。すぐに、「はい、すみませんでした」と言いました。その子は、「先生、そういうのわかりますよ！」と笑みを浮かべてイジってくれました。ドキッとしました。

その子は、よく教師を見ている子でした。表情や口調から、何でも読み取られるような感覚でした。

6年生を相手にすると、「ほめたらやらなくなる」「叱っても続ける」のような、噛み合わない指導になってしまうことがあります。タイミングもそうですが、もしかしたら、言葉が芯を食っていない場合も考えられます。

タイミングは違えど、芯を食う言葉なら子どもたちに確実に届きます。小手先ではない、「ほめちぎる」「ほめころす」くらいの勢いが必要ではないかと考えています。

45 寄り添ってほめる

どの子にも自信をつけさせてあげたい

6年生にもなると、「できる」「できない」の差がはげしくなるので、「ほめる子が偏ってしまう」「ほめるところを見つけにくい子がいる」など、悩むことが多々あります。

ほめるために、もっと子どもたちとの関わりを深めようと思って積極的に声をかけましたが、素っ気ない態度でかわされて、どう関わればよいのか悩む時期もありました。

そこで私が意識したのは、**「極微の成長を喜ぶ視点をもつ」**こと、子どもたちとの**「関わる場を意識する」**ことの**2点**です。

どの子にも自信をつけさせてあげたいと考えているからです。

ポジティブな評価で、マイナスをプラスに変換する

「どうせ自分なんて……」と、6年生になるまでの5年間、否定的な評価を受けて自信をなくしている子もいます。しかし、長所と短所は表裏一体です。一見マイナスに見えることも、見方を変えるとプラスの一面が見えてきます。

算数が苦手なA君が、授業中に問題が解けなくて頭を抱えていました。そんな姿を見て、私はこう声をかけました。

悩んでいるときが、成長のときだよ。悩むということは、あきらめずに問題に向き合っているってことだよね。応援しているよ。

できないことに直面すると、自信を失います。しかし、そんな姿にもポジティブな評価を与えることによって、マイナスをプラスに変換することができます。「自分もなかなかやるな」と、自信につなげることができます。A君はノートを書くことも苦手でしたが、「先生、だんだん上手に書けるようになってきた」と、前向きに算数に取り組むようにな

っていきました。

ひっそりと「個に寄り添う」

素直な自分を出すため、本音を引き出すための場の設定をしています。

1つ目は、**「ノートのやり取り」**です。

①定期的にテーマを与えて自分の気持ちをノートに書かせる。

②赤ペンを入れてほめることによって、子どもたちの自信につなげる。

2つ目は、**「放課後の関わり」**です。

①他の子たちが帰った後の教室で声をかける。

②家庭訪問をしてその子の家の前で話す。

他の子たちに見られないように、ノートや家庭訪問で教師と個別に関わる場をつくります。「個に寄り添う場」を意識することによって、ほめたり励ましたりするチャンスが増え、子どもたちが自信をもつためのサポートにつながります。

古舘の視点

「条件つき」のほめる・叱るはやめる

「寄り添う」と聞くと、とても美しい言葉に聞こえます。担任として当然、大人として当たり前だと思えます。そして、「私も」と思えます。

しかし、潜在意識として「ほめたら変わるはず」「叱ったら正すはず」のような「淡い期待」を抱いてしまう自分がそこにいます。逆を言うと「変わってほしいからほめる」「正してほしいから叱る」という手段の目的化が心の中で行われているのです。

子どもが変わる、子どもが正すという「条件つき」のほめる・叱るになっているのです。

それでは、本当に寄り添うことはできません。

もし本当に寄り添う気持ちがあるなら、「今回は変わらなかったけれど信じてほめ続けよう」「正すまでには至らないけど、根気よく待とう」と思えるはずです。こういう気持ちがないから、「何度言ったらわかるの！」「良い加減にしなさいよ！」と思ったり口走ってしまったりするのです。

極端に言えば、裏切られてもなお信じ続ける教師のマインドが必要なのです。

46 「サプライズ」のつもりでほめる

声かけとほめる

「いいね、次の授業の準備ができているね」「いい姿勢ができているね」と声をかけることがたくさんあると思います。

この声かけを「ほめる」と捉えている先生も多いと思います。しかし、このほめ方が子どもたちの心に届いていないと感じることはないでしょうか。

日常的な声かけのように行うほめ言葉に、教師の願いや思いを本気で込めることで、子どもたちにとっての本物の「ほめ言葉」になるのではないでしょうか。

「本気」を伝播させる

6年生にもなると、ほめ言葉が逆効果になってしまうことがあります。それは、教師がほめたつもりでも、子どもにとってみれば「ご褒美」や「煽られた」と捉えてしまうことがあるからです。

極端に言えば、「先生はそうやって私を良い気にさせようとしている」とさえ捉えるでしょう。

そこで、私は次のことを意識して本気でほめるようにしています。

・ドキッとさせるようにほめる
・一見叱りそうな場面で「ありがとう」と言ってほめる
・その子の前まで行ってほめる

そうした教師の熱は周囲へ伝播し、周りの子を良い意味で巻き込みながら学級を成長させていくことができます。

熱量を込め続ける

教師が熱量を持ち続けることは、簡単なことではありません。そのような中で次のようなことを意識してみると、持続可能なものになり、日常的な「声かけ」が「ほめる」になっていくと考えています。

・教師側の感情を大切にする。
うれしかった。感動した。驚いた。たとえ6年生であってもこうした教師の素直な感情に心を動かされる子どもは必ずいます。
・鮮度を大切にする。
給食時間や授業の始めの3分など、隙間時間を使用し、その日に気づいたことや変容を語る時間をつくります。

古舘の視点

あなた自身が本当に価値を感じているのかどうか

6年生にもなれば、「ああ、こうやってほめるんだよね」と教師の話の続きを見抜いてしまう子が出てきます。きっと、これまでも同じように同じことを言われ続けてきたのでしょう。ほめるという行為が小宗先生のように「虚をつく」に至らないのです。

素直に喜べる子なら日常的な声かけだけでも十分伝わるのですが、そうもいかないのが6年生です。ほめられることに対して内心「やめてくれ～」と思っている子もいるはずです。だからこそ、オーバーにほめることが大切になるのです。

そんなとき、教師の「感動」が「指導」にも似た効果を発揮します。感情の伴わない指導は上滑りしてしまうのです。

サプライズというワクワク感が、教師にとっても子どもにとっても価値のある「ほめる」を生み出すのです。そんな価値に出会ったとき、きっと「鮮度」の高い段階でサプライズが投下されるのでしょう。あなたは、子どもたちのどんな姿に価値を感じますか。その価値が見えたら、きっと教室の感動を切り取ることができるかもしれません。

47 ほめた後、叱った後の振り返り方

ほめると叱るに共通すること

ほめる、叱るに共通していることは、子どもたちの「成長を願う」ことです。子どもたちには、「ほめられて嬉しい」「叱られて残念」といった一時的な気持ちだけで終わってほしくはありません。ほめられたこと、叱られたことを振り返り、自分の中で昇華し、これからの生活につなげていくべきです。

そこで、菊池省三氏の実践である「成長ノート」に取り組むようにします。「成長ノート」とは、担任が示したテーマについて、子どもたちは作文を書き、担任が子どもたちの作文に赤ペンでコメントを返していくという取り組みです。

書くことで振り返る

担任がほめた後、叱った後、成長ノートに自分の思いや考えを作文させます。ときには、指導時の板書をそのまま視写させ、感想を書くときもあります。

同じ指導でも、子どもによって、印象に残る言葉は違います。つまり、書かせることで担任自身の指導も振り返ることができます。

「書くことは考えること」と言われています。書くことで頭に残ったり、自分の考えが整理されたりします。こうして、子どもたちは自身の言動を振り返り、これからの生活につなげることができるのです。

担任は、子どもたちの作文を読み、ほめたり、認めたり、励ましたりするコメントを返していきます。

このような継続的な取り組みが、ほめて終わり、叱って終わりといった指導にならず、年間を通した子どもたちの成長へつなげられるのでしょう。

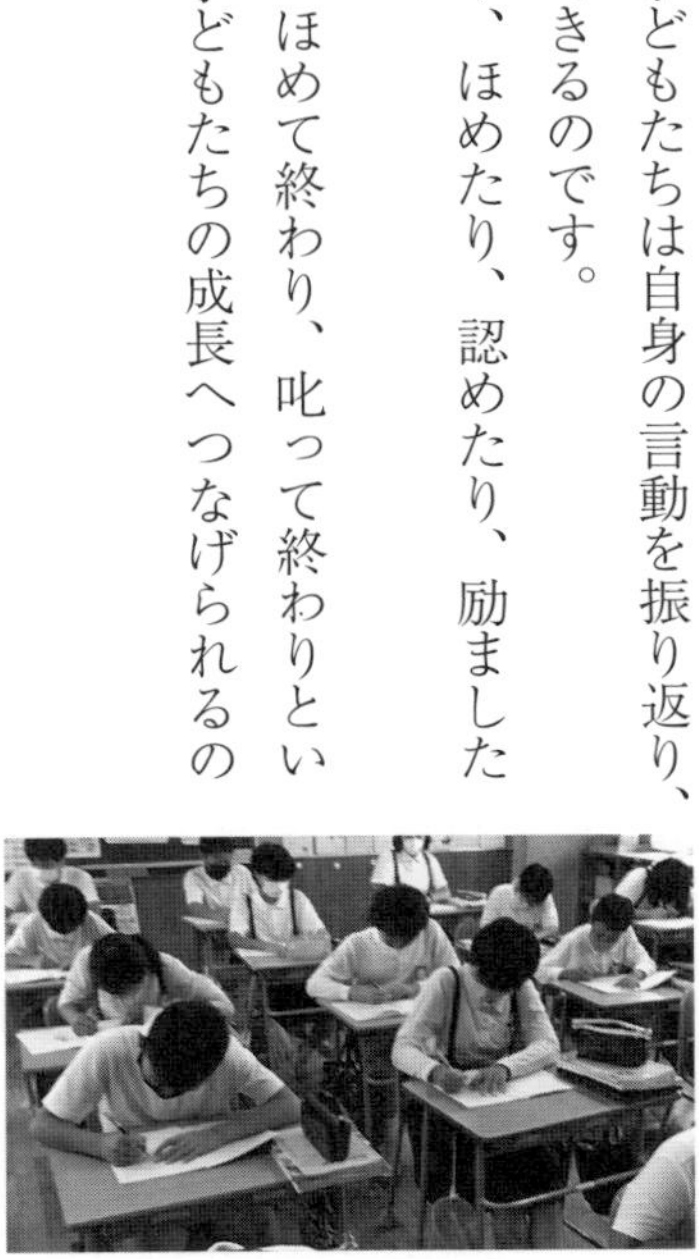

子どもたちの一瞬の事実を積み重ねる

「作文ではいいことを書くけど、行動が伴っていませんよね」。作文に対して、ネガティブな考えをもっている人は、このようなことを言います。

私たち大人も、言葉と行動が伴わないときがあります。言葉と行動が伴わないのは、人間誰しもがもっている弱さであり、担任は、その弱さを理解しておくことが大切です。

このような理解は、「またできていない」「『もうしない』って約束したでしょ」といった冷たい指導を減らすことにつながります。

また、行動が伴わなくても、子どもが書いた言葉は、その子の心に言葉が残っていたという事実です。それが、たとえ一瞬だったとしても、その一瞬は本物です。その一瞬の事実を積み重ねていくことが、担任の役目だと考えています。

1回ほめただけでも、1回叱っただけでも、子どもは変わりません。だから、その1回の指導から生まれる一瞬の事実を捉え、次の指導につなげる必要があります。一瞬一瞬の事実が確かなものとなり、子どもたちの成長へとつながっていくのです。

古舘の視点

自分で自分を認めるサイクルをつくる

子どもたちをほめたとき、「そんなことないです」と謙遜気味に言われたことはありませんか。叱ったとき「どうせ俺なんて」と負の連鎖を生み出したことはありませんか。ほめても叱っても、子どもたちが教師の放った言葉を自分の中に落とせないのであれば、それは適切な指導だったとは言えないかもしれません。

その点、「書かせて残す」という視点は大変有効だと感じています。不思議なもので、書かせると「丁寧語」になります。書かせると「未来志向」になります。「書くことは考えること」と引用しているように、子どもたちは自分の中で一回整理し、ノートにアウトプットしているのです。これが発言になると違ってきます。話し言葉になったり、思いつきで喋ったりします。それはそれで良いのですが、振り返りが「流れて」しまいます。

自分で自分のことを書き残す。その足跡を増やす。俯瞰する。そのサイクルを繰り返す営みが、自分の芯を太くする子を確かに生み出すのです。

48 3月を見据えるという心構え

逆算して考える

ほめ方と叱り方、4月と3月の時点で比較すると何が変わってくるでしょうか。

- ・指示の内容の細かさ
- ・言葉選び（学級の文化）
- ・仕草（目線・表情）
- ・教師が消える意識

6年生は最高学年であり、中学校への橋渡しも考えなければなりません。6年生担任として、**最終的には3月に教師が児童を手放していくこと**を意識するでしょう。卒業した後に、「小学校生活楽しかったな」と思ってくれるのはよいですが、その後に「でも中学校は……」と悲観してほしくはありません。どこにいても自分の力を発揮して、**その場所で力強く花を咲かせることができる人**になってほしいと願っています。

3月を見据えたとき、はじめに挙げた指導についても逆算していくと、ほめ方・叱り方は**よりシンプルに、そして力強く変化していく**と思います。

4月のほめ方

6年生としての4月は、入学式に始まり、1年生の生活の補助など、最高学年としての役割に追われます。忙しい中ですが、きっとその中

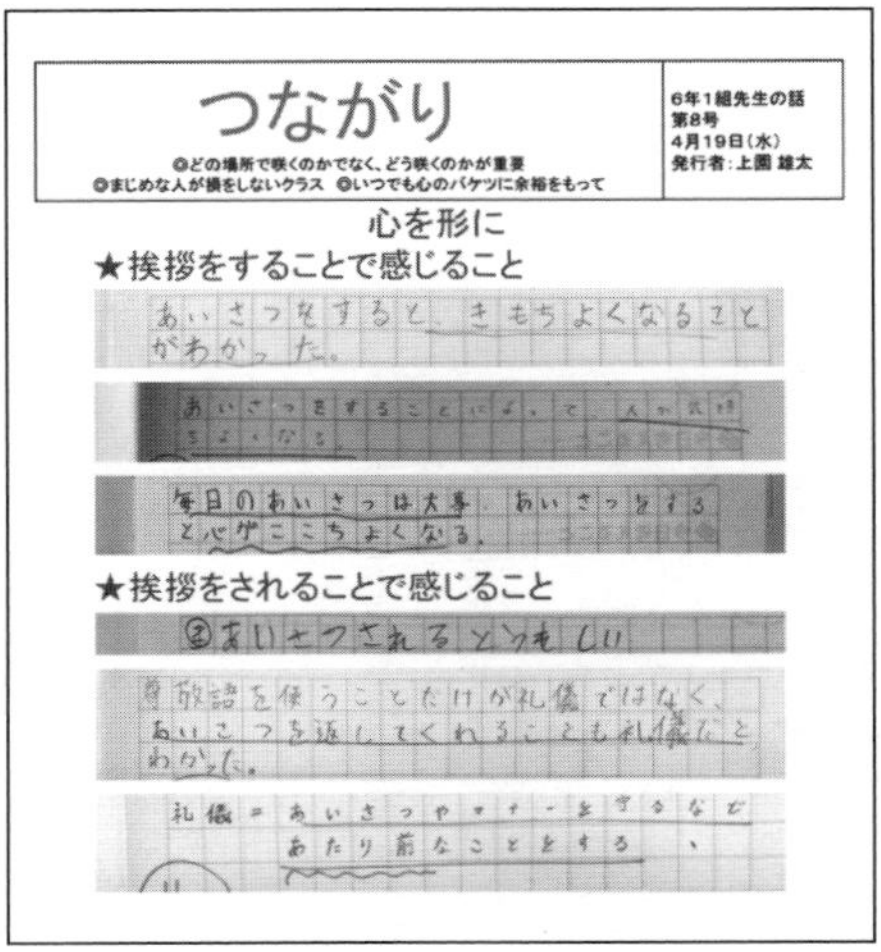
つながり
◎どの場所で咲くのかでなく、どう咲くのかが重要
◎まじめな人が損をしないクラス　◎いつでも心のバケツに余裕をもって

6年1組先生の話
第8号
4月19日（水）
発行者：上園 雄太

心を形に

★挨拶をすることで感じること

あいさつをすると、きもちよくなることがわかった。

あいさつをすることによって、人が気持ちよくなる。

毎日のあいさつは大事。あいさつをすると心がここちよくなる。

★挨拶をされることで感じること

②あいさつされるとうれしい

尊敬語を使うことだけが礼儀ではなく、あいさつを返してくれることも礼儀だとわかった。

礼儀＝あいさつやマナーを守るなどあたり前なことをする、

にキラッと輝く最高学年への意気込みが見られる時期でもあります。ぜひ、**道徳を初めとする各教科や特別活動の中でその事実を取り上げて紹介**してほしいと思います。そうしているうちに、どういった行動が最高学年としてふさわしいのか、また、自分たちの成長につながるのかがわかり、**学級の文化として根付いていく**でしょう。

3月のほめ方そして叱り方

よく黄金の3日間という話を耳にします。初任～3年目までの若手であった頃は、「この頃に舐められてはいけない」と意気込んでいたように思います。ただ、叱るときは、そこに信頼関係だけでなく、その子を想う**本気の気持ち**がなければ伝わらないように思います。そしてそれは、4月から少しずつ積み上げていれば、**3月のほめ方も叱り方も短くシンプルになっていく**でしょう。**学級での生活が心の中に根付き、教師の支えが必要最小限になる**のです。

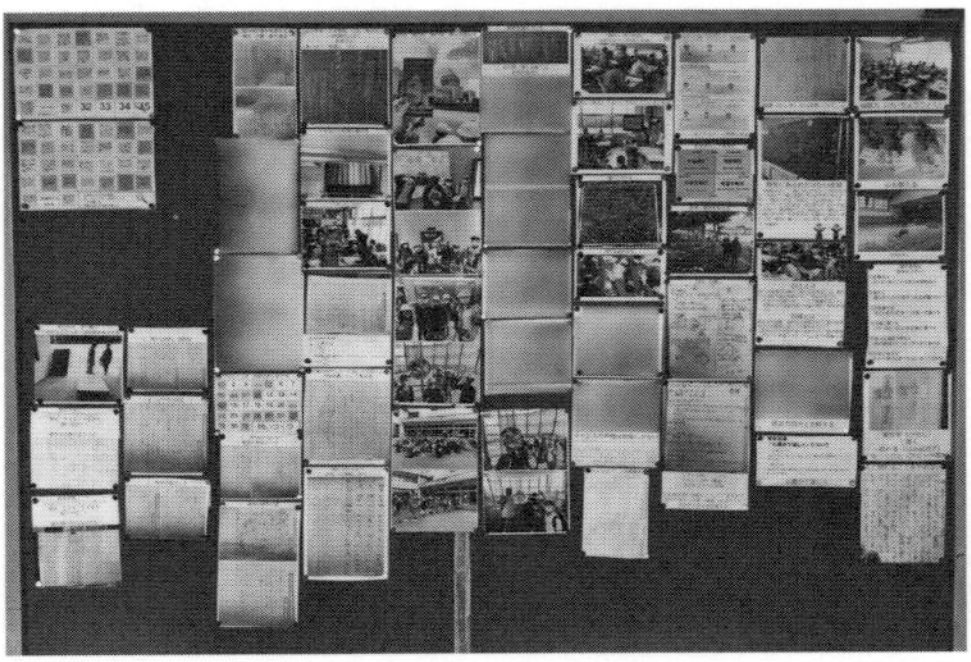

古舘の視点

1年間でどのくらい叱っているのか

多くの学校で、登校日数は約200日です。授業時数にすると1000時間前後です。例えば、1時間に1回叱ったとして、年間で1000回叱ることになります。あなたは、年間で何回叱っていますか。1000回より多いですか。少ないですか。そして、願わくば何回にしたいですか。

こう考えると、「できる限り叱りたくない」と思いませんか。叱るには大変エネルギーが必要です。叱らずにすむならそうしたいと考えます。

すると、自ずと戦略が芽生えてくるはずです。グランドルールは春に徹底して守らせようとか、夏は1回子どもたちの様子を見てみようとか、秋は改めて細かく指導を積み重ねよう……などです。

叱るとき、どうしても感情的になります。それは、短期的な指導です。もっと長期的な視点で、子どもたちとのラリーを楽しみながら指導の効果を確かめ、マイナーチェンジをしながら手立てを講じてみても良いと考えています。

49 見守るという距離感

ほめる・叱るがうまくいくとき

ほめるも叱るも、どちらも子どもたちに直接的にアプローチする手段です。それは、子どもたちに成長してほしいと願う教師の思いが起こす教授行為です。

しかし、6年生の子どもたちに「いちいち」「毎度毎度」口出しをしていては、それが成長につながったとしてもうんざりしてしまいます。

私は、ほめる・叱るが機能するときは「間接的に距離をとっている」という条件が関わっていると考えています。

どれだけ子どもたちと向き合っても、思うように子どもが変容してくれないと感じることの多くは、この距離感が保てていない場合があると考えてよいでしょう。

この見守りですが、子どものタイプによって変えていきます。

①同じことを何度も言われる子

・口出しよりは、近づいて肩をポンと叩いたり、目を合わせたりして会話する。

・一見放っておいたように見せて、授業後に頑張ったことを2～3個伝える。

②①の子に対して不満や憤りを訴える子

・気にしてくれていることを教室全体の場で伝え、満足感を与える。

・注意の口調の変化などをキャッチしておき、「良い関わりだったね」と伝える。

③他人事にしがちな子

・頭ごなしに「みんなで考える」と巻き込むのではなく、「みんなで考えたいんだけどどうかな?」と共感させながら巻き込む。

・黙って見ていたことを、あえて価値づけしてほめる。

見守りのポイント

①周りの子と一緒に見守る
教師側の意図もきちんと伝え、教師の言葉や行動の裏を理解させていきます。
②不満をもつ子への共感的理解を示す。
「あなたのような人がいるから、クラスがうまくいっているんだ。いつもありがとう」と感謝を伝えます。
③悪者をつくらない
1年かけてみんなで成長していくのだから、時間をかけてみんなで見守り合おうというスタンスをもちます。

こうした距離感を保ち、年間を通して子どもたちが成長していく様子を見守りたいものです。そう信じることが、一番大切な心構えとも言えるでしょう。

古舘の視点

大切な経験を奪わない

ある年、「言いすぎたかな」と思うほど叱ったことがありました。その子も机に突っ伏したまま時間が過ぎていました。私は、「○○さん、大丈夫？」と声をかけましたが、顔を上げることはありませんでした。

そのとき、その子の友達が「先生、大丈夫です。○○さん、自分で上がってくるんで」と言って私を遠ざけました。私は「ああ、今彼女は懸命に考えているんだ。自分の中でケジメをつけているんだ」と思いました。危うく彼女の「考える時間」を奪うところでした。「大丈夫？」と言いながら、大丈夫じゃなかったのは私の方でした。一時的な自分の不安を拭うために彼女に声をかけていたのです。

だからと言って、何でもかんでも見守れば良いわけではありません。小宗先生のように、一人ひとりの内側を理解した上で距離感を決めているのです。ケースバイケースです。

ある意味、こうした「距離感」を普段から保っているから、「ここぞ」で指導が効果を発揮するのでしょう。

50 説教タイムのポイント

「うまくやろう」としない

頭ごなしに叱ってはいけないと思うと、「今、説教をすべきか」と迷うようにもなります。そして、「うまくやろう」という意識が空回りし、「ほめる・叱る」のタイミングを逃してしまい、子どもたちの心に響かなかったこともあります。

これらは、「子どもの成長につながる指導」を目的にし、「心」がどう感じているのか考え、「言語化」していくことで適切な指導に変えることができます。

「何を言うか、どう言うか」よりも、**「どんな気持ちをもって言うか、どのような心構えで言うのか」**を重視するのです。

「説教タイム」のポイント

説教タイムは、教師と子どもとで一緒に考える時間だと捉えています。

①子どもたちに問いかける

T：今日、掃除がありましたね。周りを見渡すとゴミが落ちています。なぜ、掃除の時間があるのでしょう。
C1：ゴミを落とす人がいるから、拾うため。
C2：教室が汚いと気分が落ちるから。　など様々な考えを聞き出します。

②教師が思っていることを話す

掃除は、相手のことを思いやれるようになる練習だと思っています。自分が汚したわけではないゴミや汚れを「周りの人」のために掃除をする。このようなことを繰り返すことで、相手のことを思いやれる心が少しでももてるようになるからだと思っています。

③お互いにどんな教室をつくっていきたいのか擦り合せ、言語化させる

これから、6年○組は掃除の時間をどのような時間にしていきたいですか。話の中で考えたことを正直に書きましょう。

6年生の担任だからこそ、子どもたちの様子から感じたことを本気で伝える「説教タイム」を行います。

それは、子どもたちに問いかけ、私自身が思っていることを話し、お互いにどんな教室をつくってきたいか（目的）を再確認するような時間です。

一人ひとりが自分の教室の問題などを**「自分ごと」**として捉え、自分の考えをもち、自ら行動に移せるようにする感覚を大切にしています。

古舘の視点

適度な緊張感を保つ

「説教」と聞くと、「怒られる」と身構える子がいます。でも「お」がつくだけで「お説教」となり、なんだか有難いお話に感じてしまいます。

そもそも「説教」とは、「ためになる教訓などを相手に合わせてわかりやすく話すこと」や「仏教のお経をわかりやすく説明すること」などと言われています。決して「相手の非を責めること」や「反省や謝罪をさせること」ではありません。

ですから、「説教」という言葉を使うことで緊張感のある空気を生み出しつつ、でも中身は成長につながる温かい時間にすることができます。クリアな頭、リラックスした体、ホットな心と、子どもたちが程よいパフォーマンスを発揮できるようになります。

もし説教が学級の教訓だとすれば、それはほめるにも叱るにも共通する理念です。ほめたことが広がる、叱ったことが改善される。その広がりと繰り返しを持続させるための時間が説教タイムなのでしょう。何より、「ほめる・叱る」という言葉にとらわれない、教師の素直な「お話」を引き出すことにもつながります。

51 形を変えない、中身の変え方

教員の多忙さ

教師の仕事は多忙を極めています。行事前には計画や準備などで、忙しさに拍車をかけます。例えば、学習発表会で劇をするとなると、練習計画、配役（劇の指導）、小道具や音源の準備など、やらなければならないことが山積します。

特に台本づくりは、より多くの時間を費やします。また、「よりよいものにしたい」という思いから、教師のこだわりが強くなったり、より思考を巡らせたりすることになります。そうなると、定時退勤どころか、遅くまで学校に残ったり、休みの日まで台本のことを考えたりすることも珍しくありません。

6年生ならできる

例えば、「学習発表会」という行事自体は変えられません。6年生の持ち時間も、大きくは変わりません。それはハードの部分です。しかし、やり方やあり方は大きく変えることができます。

令和4年度の学習発表会では、時代劇に挑戦しました。10分ほどの短い劇でしたが、子どもたちに任せてみました。

- **劇のテーマなどを決める（場合によっては、教師が決める）。**
- **台本や役割などは子どもが決める。図書室やタブレットを用いて調べながら進める。**
- **小道具、音源などは教師も協力する。**
- **担任は「史実」の確認や客観的なアドバイスにとどまる。**

これは、学習発表会を5回経験してきた6年生だからこそ可能です。台本づくりから子どもたちに信じて任せてみてはどうでしょうか。きっと、学習発表会が本当の意味で学びの発表の場になると思います。

教師のものから、子どもたちのものへ

ある子は、学習発表会を終えて次のように振り返っていました。

（台本づくりについて）見る人がどんな風に感じるか、しゃべる人はどんな風にしゃべれば話しやすいのか考えて、つくるのが難しかったです。でも、本番、みんなが自分が考えた台本をしゃべっていると思うと、とてもうれしくなりました。

この子は、台本づくりを通して、「見る人」「演じる人」の立場に立って、劇を考えることができました。また、本番は役としての出番がなくても、友達の活躍を見ることで、達成感や充実感を得ることができたように思います。

子どもたちに台本づくりを任せたことで、教師が考えた劇から子どもたちが考えた劇に変わったように思います。子どもたちが台本づくりから関わるからこそ、行事を終えたときの達成感や充実感は、より大きいものがあるようです。

古舘の視点

水を得た魚は強い

働き方改革において doing の部分を変えていくことは、大変労力のかかることです。管理職や同僚を含めたチームのメンバー構成を含む、多くの条件が重なったとき、変革が訪れるように感じます。つまり、時間がかかるのです。

しかし、「何をするか」という doing を変えずとも、そのあり方（＝being）は変えることが可能です。それも、明日からです。

笹部先生は、学習発表会を例に実践を書かれました。確かに、学習発表会は簡単になくせそうにありません。それでは教師の「負担感」も減ることはないでしょう。子どもたちはやらされ感が募ります。双方にメリットはありません。

しかし、子どもに委ねることで「引き出す可能性」がぐんと高まります。「まさかあの子が」とか、「この子がこんな力をもっているなんて」という場面に出会えるのです。

そんなモチベーションを得た子どもたちの姿は、教師の負担感を軽減させます。むしろ元気をもらえるほどです。子どもを生き生きさせることこそ、最大の働き方改革です。

52 先生方への感謝のもち方

子どもの姿から先生方への感謝に気づく

「はじめまして」と言って、6年生で担任を受けもつことがあります。つまり、**5年間つないでくださったバトンを引きついで、自分が6年生の担任となる**ということです。

どこか、小学校6年生の担任はすごいと思われがちですが、実はそうではありません。

5年間の指導があって、6年生が成立するのです。

そこで、教師と子どもの関わりの中で、これまでの先生方の指導のおかげで今の子どもたちの姿があると気づいたとき、その日のうちにその先生方に**「感謝」の気持ち**を伝えるようにしています。

「誰に教わったの？」と聞く

4月、プリントを提出する際に、番号順に並び変えて提出をしていました。その場面で、**「どうして、プリントを番号順に並び変えて提出してくれているの？」**と子どもに聞くと、「○○先生が番号順に提出した方がいいと教えてくれました」と答えてくれました。

このエピソードをさっそく職員室で伝えました。

三浦：今日、○○さんがプリントを提出するときに、番号順にプリントを並び変えて提出をしていたので、「どうして？」と聞いたら、「○○先生から教えてもらったから」と笑顔で教えてくれました。

○○先生：あー、後々プリントを見るとき自分が楽だから、子どもたちが番号順に並び変えて提出してね。と伝えていただけなんだけどね。笑

三浦：○○**先生のおかげで**、子どもたちに番号順にプリントを出すようにと指導せずにすみました。また、**子どもの姿をほめる**機会にもなりました。ありがとうございます。

○○先生：こちらこそ、そんなことを教えてくれてありがとね。

このように、子どもたちの姿をきっかけに先生方へ感謝を伝えることで**5年間バトンをつないでくださった先生方がいて、今がある**。という「おかげさま」の気持ちをもち続けることができます。

このほかにも、

・ほうきの使い方　・雑巾の絞り方　・給食の配膳　・白衣の畳み方やしまい方
・ストローの袋の処理　・牛乳パックの処理　・物の整理整頓　・整列の仕方
・ロッカーの使い方　・朝の支度

など、たくさんの指導が見えることがあります。

このような場面を見たときは、すぐ**「感謝」の気持ち**を伝えることで**「5年間バトンをつないでくださった先生方がいて、今がある」**ことに毎回立ち戻ることができます。

古舘の視点

喜びも共有する

過去5年間担任してくださった先生方への感謝を忘れない。そんな簡単なことができなかった自分がいました。今は心からリスペクトの気持ちでいっぱいです。三浦先生は若くしてその域に達しているんだと思うとすごいなと思います。

きっと「おかげさま」の気持ちが強いのでしょう。本当に素敵なことです。

一方私は、何回か6年生を担任しながら「成長の喜び」まで共有したいと思うようになりました。なぜなら、低学年時の先生は「古舘のためにやってあげたわけではない」はずからです。あくまで、その学年でできることを精一杯やった結果として、今の6年生の姿になっているのです。

だからこそ、「ありがとうございました」の先に、「こうやって6年間バトンをつなぐって素敵ですよね」と喜びを共有したいと思うようになったのです。

こういう感情の共有が教師間に生まれたとき、バトンを「渡した」ではなく、「託した」とか、「任せた」という同僚性が育まれるのでしょう。

53 学級通信の書き方

学級通信は誰のために書くのか

学級通信は、多くの先生方が取り組んでいる実践です。また、その先生らしさが最も表れる実践の一つでもあります。

みなさんは、誰のために学級通信を書いていますか。「誰のため」ということがはっきりすると、自ずと書く内容も決まってくるのではないでしょうか。

私は、子ども、保護者、そして自分のために学級通信を書いています。1枚の学級通信が、子ども、保護者、担任それぞれに意味があり、教室と家庭が、つながっていくことを目標としています。

学級通信の実際

これは、始業式に発行した学級通信から一部抜粋した内容です。

> 1つ目は、**「友達の新しい魅力を知る」**ことです。5年間一緒に過ごしてきた友達が多いと思います。これまで気づかなかった友達の魅力を見つけてほしいです。
> 2つ目は、**「新しい自分に出会う」**ことです。みんなには、自分の長所、短所があると思います。この1年間で、「自分にはこんなよさがあったんだ!」と気づくことができる1年にしてほしいです。
> 3つ目は、**「幸せな1年間にする」**ことです。この1年間は、小学校生活最後の1年間です。後悔のないよう、過ごしてほしいです。そして、卒業するときに、「楽しかった!」と思える1年間にしてほしいです。

ここには、自分自身に向けた、「4月の思い」も忘れないように書いています。

学級通信で教師も育つ

「どうして学級通信を毎日書けるのですか？」と、同僚の先生から聞かれたことがあります。

それは、教室では毎日「何か」が起きているからです。同時に、教師修業であり、教師のための学級通信だと考えるからです。

担任が、教室の事象をどのように捉え、意味づけ、価値づけをするのか、また、何とつなげて言語化するのか、これらが学級通信を書く担任の腕の見せ所だと感じています。

例え時間がかかっても、通信を書くことは大切です。なぜなら、通信には、学級の成長をより鮮明に記すことができるからです。

学級通信が、子ども、保護者、担任にとって win-win-win となるようなものであってほしいと願って書いてみてはいかがでしょうか。

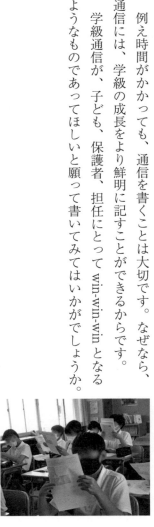

古舘の視点

宣言するだけで変わる

働き方において、ブレない芯があるだけで随分心構えが固まると思います。

例えば、「子どもの迎えがあるので17時には退勤する」という縛りのような芯でも構いません。「今年は社会科の授業を中心にしていく」のような専門性を生かした実践でも構いません。何か自分の中に「コレ」というものをもっておくことが大切です。

何かを頑張っている先生は、輝いて見えます。それと同じように、学級通信を書いている先生は、その分輝いて見えるのです。

特に学級通信という媒体は、声を言葉にして宣言します。思っているだけでもなく、話しているだけでもなく、文字にし、印刷し、配付します。そういうある種「他律的」な側面が、自立を支えてくれることがあります。

働き方は一人で変え切れるものではありません。何か周りに支えていただくような環境づくりにこそ、働き方改革の余地が残されているのではないかと考えています。

54 学校教育目標の捉え方

学校教育目標を味方に

私は、3年間持ち上がったうえで、6年担任を経験しました。4年生と5年生のときの子どもたちの成長を見てきたからこそ、最後の1年間でさらに成長させたいという強い思いがありました。そんなときに出会ったのが、菊池省三先生の実践である「価値語（子どもたちの考え方や行動をプラスの方向に導くための言葉）」でした。しかし、私の職場で価値語の実践をしている先生は一人もいません。私だけが実践することで、足並みを乱していると思われるのではないかという不安がありました。しかし、価値語の実践をする後押しをしてくれるものがありました。それが、学校教育目標です。当時の学校教育目標は、

「故郷を愛し　心豊かに　志を持って生きる児童生徒の育成」でした。価値語の実践は、特に「心豊かに」「志を持って生きる」児童を育てるために大切な実践になると考えました。また、学校スローガンや目指す児童生徒像、目指す教師像とも密接に関わっていました。そのおかげで、常に「子どもたちの成長」を目指して、堂々と価値語の実践をさせていただくことができました。**子どもたちの可能性を大人の都合でつぶさずにすんだのは、学校教育目標のおかげ**でした。

細分化する

次のようにして、一つ一つの価値語が学校教育目標のどの部分とつながっているのかを考えながら実践をしていました。

【心豊かに】
・協力し合う　・一人をつくらない　・当たり前は誰かがつくっている　・寛容
・利他の心　・誰かのために　・拍手で認め合う　・ささいな気遣い　・心で通じる
【志を持って生きる】
・自分で自分を育てる　・粘り強く、諦めず　・よいところを真似る　・群れない
・束になって伸びる　・参観者から参加者へ　・限界は自分でつくらない　・継続力
・一生懸命は自分自身　・ファーストペンギン　・高く伸びる　・自ら楽しむ　・覚悟

このようにして、学校教育目標とのつながりを細分化して考えることで、目的がぶれることなく、子どもたちの成長を願って実践をすることができました。

何気ない生活指導も同じです。例えば、「ルールを守ろう」という指導も細分化します。「スリッパを並べよう」や「廊下は歩こう」という指導は何を目指しているのかを考えるのです。そのようにして、一つ一つ、**学校教育目標とのつながりを意識することで、学校全体で同じ方向を向いて子どもたちを育てることができる**のではないでしょうか。

古舘の視点

暫定的に一本筋を通す

学級を育てることは、大きな働き方改革につながります。学級担任の仕事の大部分が学級経営だからです。学級が安定すると授業がスムーズに進みます。子どもたちの関係性が良好になれば、トラブルが減ります。結果、放課後の保護者連絡などが激減し、定時退勤が可能になります。

しかし、効率化のみを優先した実践の導入は、そこに一本筋が通らない場合があります。手段の目的化が進み、チグハグな教育実践が教室に展開されるようになるのです。「あの先生は何をやっているの？」という同僚からの視線が気になり、職員室の居心地も悪くなります。定時退勤できても、働きにくい環境に身を置くことになるでしょう。

だからこそ、（特に若い先生方に）伝えたいことがあります。「学校のために働く」ということです。私たちは公務員です。地域のために雇われ、地域のための学校教育をしています。その土地の子どもたちを育てているのです。

自分の立場を確認し、学校のために尽くすことが、自分の働きやすさも生み出すのです。

55

学年での共通理解の仕方

学年の共通理解は「デジタルベース」

学年主任だった際、共通理解は「デジタルベース」で行なっていました。Google Workspace のスプレッドシートを活用して、日付、内容、記入者、期限を一覧で見られるように整理しました。その際に、ワークブックで「連絡」と「TODO」を分けることで、やらなければならないことを明確にしておきました。

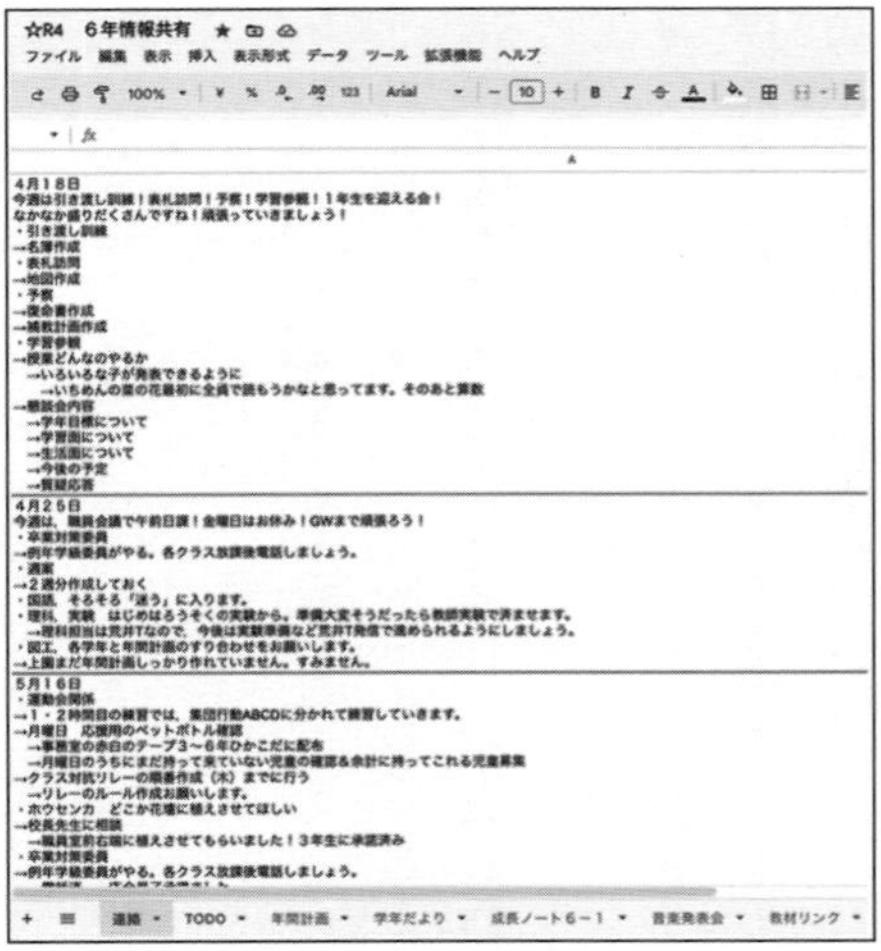
☆R4　６年情報共有
ファイル　編集　表示　挿入　表示形式　データ　ツール　拡張機能　ヘルプ
100%　¥　%　123　Arial　10　B　I
A
４月１８日
今週は引き渡し訓練！表札訪問！予察！学習参観！１年生を迎える会！
なかなか盛りだくさんですね！頑張っていきましょう！
・引き渡し訓練
→名簿作成
・表札訪問
→地図作成
・予察
→復命書作成
→補教計画作成
・学習参観
→授業どんなのやるか
→いろいろな子が発表できるように
→いちめんの菜の花最初に全員で読もうかなと思ってます。そのあと算数
→懇談会内容
→学年目標について
→学習面について
→生活面について
→今後の予定
→質疑応答
４月２５日
今週は、職員会議で午前日課！金曜日はお休み！GWまで頑張ろう！
・卒業対策委員
→例年学級委員がやる。各クラス放課後電話しましょう。
・週案
→２週分作成しておく
・国語、そろそろ「[illegible]う」に入ります。
・理科、実験　はじめはろうそくの実験から。準備大変そうだったら教師実験で済ませます。
→理科担当は荒井Tなので、今後は実験準備など荒井T発信で進められるようにしましょう。
・図工、各学年と年間計画のすり合わせをお願いします。
→上[illegible]まだ年間計画しっかり作れていません。すみません。
５月１６日
・運動会関係
→１・２時間目の練習では、集団行動ABCDに分かれて練習していきます。
→月曜日　応援用のペットボトル確認
→事務室の赤白のテープ３～６年ひかこだに配布
→月曜日のうちにまだ持って来ていない児童の確認＆余計に持ってこれる児童募集
→クラス対抗リレーの順番作成（木）までに行う
→リレーのルール作成お願いします。
・ホウセンカ　どこか花壇に植えさせてほしい
→校長先生に相談
→職員室前右端に植えさせてもらいました！３年生に承認済み
・卒業対策委員
→例年学級委員がやる。各クラス放課後電話しましょう。
＋　連絡　TODO　年間計画　学年だより　成長ノート６－１　音楽発表会　教材リンク

学年会の内容もこの中に入れておくことで、時間の短縮になりました。6年生の行事の多さや様々なタスクを考えると大変便利です。

ただ、何もかも「デジタルベース」で良いのかというと、そういうわけではありません。

紙もデジタルもUI（ユーザーインターフェース）

UI（ユーザーインターフェース）とは、ユーザーがやり取りする際に使用する、視覚的要素と操作要素の組み合わせのことです。たとえば、鉛筆やノートも、ユーザーが快適に使用できるように設計されたUIの一つと言えます。

このように分類したときに、付箋は表示時間の制限がない代わりに、記入や共有の際には物理的な制約が発生するUIであると捉えることができます。スプレッドシートは、表示時間の制限がある代わりに、情報の蓄積、整理や分析に非常に便利です。

紙もデジタルもその特性を理解し、適した場面で利用する。最近話題の生成AIに関しても、そのメリットとデメリットを理解しながら使っていくことが重要だと考えています。

6年生担任としての共通理解

人と人が本当に共通理解できているかは、どれだけの時間をともに過ごしていてもわかりません。だからこそ、相手の立場に立って考え続けることが必要なのだと思います。小学6年担任は、他学年との連携が不可欠です。行事の運営、宿泊行事での不在時における委員会活動の代替等。ここだけは絶対に外せない共通理解が必要な際には、口頭、付箋、スプレッドシート、**あらゆる手段を使って対話**をしていきます。

「この人にはこんな手段がいいかな」、「このタイミングがいいかな」ということも気にします。助けていただいたときには、そばまで行って感謝の言葉を伝えます。

「紙かデジタルか」という視座から一段高く、**目的を考え、相手への思いやりをもちます。**学年で一緒に定時退勤するとき、どちらかの学級がしんどくて回らないとき、苦しいとき、辛いとき、楽しいとき……日頃助けてもらっていることを思い出して、**「いつもありがとう」と伝えるようにします。**

古舘の視点

「マイナーチェンジ」より「フルモデルチェンジ」

先生方に選択肢がない。そう思います。「変えよう」と思っても、「変えるもの」がないのです。それが、「どうやって変えようか」という問いに変わり、代案がないまま終末を迎える結果になっている気がします。

もし変えたとしてもマイナーチェンジであり、「部分」の変更にすぎません。部分を変えるだけでは本質的な改革につながらず、「変えた気になった」だけです。

例えばペーパーレスを進めるなら、「緩やかに」ではなくて、「0か100か」でガラッと変えてみるべきです。このフルモデルチェンジが、改革の振れ幅を大きくし、選択肢を一気に増やすきっかけになります。

正直、最も難易度の高い改革は「意識改革」だと思っています。システムや方策などの手段の改革なら小手先でできますが、根本から意識を変えるような改革はガツンと行うべきです。ぜひ、振り切った実践のパイオニアになるつもりで、上園先生のように踏み出してみてください。

56 教室掲示のポイント

掲示物は未完成でいい

年度始めや年度始めの授業参観では新鮮さが溢れていた掲示物。だんだんと新鮮さがなくなっていったことはありませんか。次第に、子どももその掲示物に気を止めず、ただの「風景」や「壁」になっていることはありませんか。

もしかしたら、そんな経験をされた方は多いのかもしれません。

そこに、「掲示物は完成形でなければならない」「教師が作成しなければならない」という考えがあるのかもしれません。

そこで発想を変えて、「6年生の子どもとつくりあげる」と考えてみましょう。

努力の実を育てる

高学年となると自主学習ノートが家庭学習の中心になることが多いと思います。そこで、自主学習ノートと関連させて、掲示物を作成してみました。

①木（幹・枝）を背面に掲示する。（教師）
②「ノート一冊」が終わると「木の実一つ」に交換する。
③木の実は子どもが作る。（子ども）
④木の実が増える様子を価値づける。（教師）
「○冊目かぁ。すごい！」「ノートが高くなってきた！」
⑤友達同士で価値づける。（子ども）
「○○さん、すごい頑張っているな」「私も頑張ろう」
⑥ミニ黒板にノートの冊数を書く。（子ども）

成長とともに羽ばたく

行事や学級内でのできごと、成長したことなどを画用紙で作った「羽」に書き込み、掲示したこともありました。

例えば、「6年生になって初めての委員会で会をまとめた」「プール掃除を頑張った」などです。これも、自主学習ノートの実の実践と同じで、羽が増えれば増えるほど、「こんなこともあったな」「これができるようになったな」と、自分たちの成長を実感していきます。「できていないこと」ではなく、「今まで頑張ってきたこと」に意識が向きます。

卒業式前日には、「羽」を子どもと一緒に全て外します。そして、子どもが帰った後、子どもには内緒で前の黒板にその羽を散りばめます。これで、1年間かけて作成した本当の掲示物が完成します。

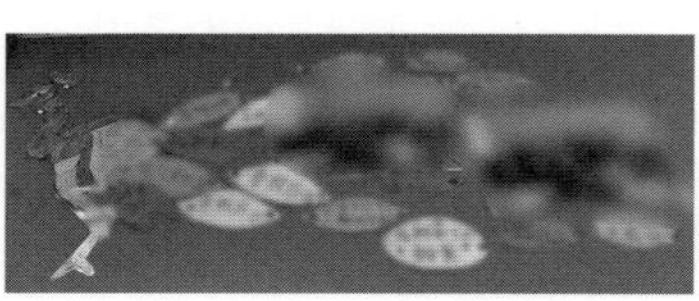

古舘の視点

壁という物語

極端な話をします。掲示物を貼らなかったら、学級経営や授業づくりにマイナスの影響を与えるでしょうか。もしかしたら、力を伸ばしきれなかった側面はあるかもしれませんが、掲示物がなかったために崩れた、乱れたということはないのかもしれません。

事実、私がこの文章を書いている年の1学期は、側面の黒板に子どもの作品などをほとんど貼りませんでした。子どもの作品を入れるA４クリアファイルに何も入らないまま数ヶ月が過ぎていました。では、もし掲示物がなくていいのなら、貼る意味は何でしょうか。こうやって極端に考えてみることで、今ある掲示物に命が吹き込まれるような気がします。価値を見出せるような気がします。

山中先生の実践であれば、「完成」は卒業当日までわかりません。つくりあげる・積み上げる・厚みが出る・物語る…など、その年ならではの価値が生まれるのです。

同時に、風景化する・色褪せる・無意識になり、「何度も貼りかえる」ような余計な仕事を減らすことができるでしょう。

57 公開授業はこうやる

公開授業へのモチベーション

公開授業へはみなさんどのようなモチベーションで取り組んでいるでしょうか。ポジティブな印象もあれば、ネガティブな印象もあるでしょう。

ポジティブに感じる人は、「日頃の授業の様子を見てもらえる場」として考え、それは「チャンスの時間」と捉えているでしょう。

逆に、ネガティブに感じている人は、大きな掲示物を用意したり、指導案の準備をしたりしがちです。とにかくコスパの悪さを感じているのかもしれません。

一大イベントにしてしまうことは、逆にモチベーションが落ちるようにも感じます。

いつも通りの延長線

①日々流れている授業の中の一つととらえる

公開授業で大切なのは、その日までに何をしてきたか、そして、その積み重ねの上にどのような実践を提案したいか、ということです。その日ばかり焦ってもうまくはいきませんし、大きな掲示物をつくってそのときだけ張り切ってしまっては、何のための授業かわからなくなってしまいます。

②実践を積み重ね引き出しを増やす

ＩＣＴの活用等、様々な方法を試しておくことで、公開授業の引き出しが増えるとともに、どの方法がその学級に合うのかがわかるようになります。

初めから「できない」と決めつけずにたくさんチャレンジをしておくほうが後悔がありません。

できたかできないかではなく、チャレンジしたかどうかが大切です。

開放的な教室へ

私が勤務している学校（1学年120人程度）では教科担任制を行っており、社会・理科・道徳・総合・体育・書写を担任で分担し、家庭科・音楽・図工は専科が入るようになっています。

自分の教室で毎日必ず私以外の誰かが授業をします。

逆に私が授業をしている後ろで担任の先生が課題のチェックなどをしていることもよくあります。

そうした、常に誰が入ってきてもいつも通りの授業ができる関係をつくったり、教室の環境をつくったりすることで、教室を閉鎖的なものではなく、開放的なものにしていくことができます。

ある意味、毎日が公開授業です。

こうした開放的な感覚が教師に必要なことかもしれません。

古舘の視点

人の目に触れる機会が育てるもの

授業を公開するのは大変なことです。しかし、大変とは「大きく変わる」と書きます。公開は、間違いなく自分を大きく変えることができます。だったら日常的に公開すればよい。ただ、それだけです。

公開というのは、人を呼ぶことではありません。いつ人が来てもいいように準備しておくということです。人に見られても恥ずかしくない授業をしようと思えば、自ずと授業構成を考えるようになり、自ずと口調が穏やかで優しくなります。発言を拾ってはつなぎ、板書にまとめては写真に残すようになります。確実に、日常的な授業の質が高まります。

授業が安定すると、子どもたちの満足度が高まります。間違いなく、子どもたちが育ちます。変わったのは、教師の心構えだけです。

人に見せるという手段を通して、日常の授業の質を高める目標ができ、結果的に学級の安定が図られるという目的を達成することができます。

開放的な学級は同僚性も高めます。働き方改革において、メリットしかありません。

58 定時退勤の仕方

クラスに関する仕事は子どもたちがいる内に

子どもが下校してから学級事務。そんな働き方をしていました。ですから、学年の打ち合わせが入ると、決まって「定時退勤」が不可能になっていました。そこで、

・ノートは、授業時間内・休憩時間などの隙間時間で見て返す。
・テストはその時間内に添削して返す。

のように学級事務を隙間時間で行うようにしてみました。

即時フィードバックで学習効果を高める

ノートを見るときは、評価基準を明確にしておくことによって作業時間が短くなります。

- ・ノートを正しく書けているか、上手なレイアウトで書けているか。
- ・叙述をもとに、自分の考えを書けているか。
- ・自分の経験をもとに、自分の考えを書けているか。
- ・振り返りに、友達の意見や黒板の言葉が書かれているか。等

「ハンコを押す」「赤ペンを入れる」等、自分のやり方も明確にしておきましょう。良い評価をつけるときは、ハンコの種類を決めたり、ハンコを押す数を変えたりします。また、赤ペンを入れるときは、自分の考えが書けている部分に線を入れて、よく書けている内容であればAを書きます。時間があれば一言コメントを書くようにします。テストは、できた子から提出させ、すぐに返却することで復習効果を高めます。

いつ、だれのために、何をするのか

その他にも、「掲示物の作成」や「欠席児童の家庭への連絡」なども、可能な限り子どもたちがいる時間に隙間時間を見つけて行います。また、次のようなことも行います。

・学年打ち合わせや学年全体で行う活動の準備。（資料作成、印刷　等）
・学校全体に関わる先生方の提案に対する仕事。（行事の反省用紙の提出　等）
・校務分掌の提案文書の作成。　等

さらに、気になる児童の保護者への連絡をしたり、他の先生方や管理職の先生と話したりして、「保護者・職員とのコミュニケーション」の時間も大切にします。

定時退勤が可能になれば、退勤後は家族のための時間、自分の学び・実践のための時間、そして体を休める時間に充てることができます。いつ、だれのために、何をするのかを明確にすることで、結果的に定時退勤が可能になるでしょう。

古舘の視点

自分の調整力をみくびるな

私は、平成28年度から本格的に定時退勤を始めました。残業は、覚えている限り年に数回。そのうち、PTA役員会などを除けばほとんど残ることはありません。

今では、定時を過ぎるとやることがなく、むしろ年次休暇をとって早めに帰ることもあります（年次休暇については次項で書きたいと思います）。

定時退勤をするようになって思うことは、調整力は磨けるということです。例えば、仕事を残した状態で帰っていたのに、いつの間にか仕事を残さずに帰れるようになった経験が皆さんにもあると思います。

ここに、大切なポイントがあります。定時退勤の仕方は、定時退勤をすることでしかわからないということです。無理やり帰ってみて、何がはみ出ていたのかを認識し、そのはみ出た仕事を次回クリアするというサイクルを回し続けるのです。

岡先生は、ノートチェックがはみ出していたのでしょう。みなさんは、どの仕事が定時退勤に引っ掛かっていますか。そのはみ出し、ぜひ調整していきましょう。

59 年次休暇の取り方

気のもちようで働き方は変わる

年次休暇。年間20日ある素敵な制度です。しかし、初任者～3年目の若手は、この制度をうまく活用できていないかもしれません。取得したとしても長期休業時か短縮日課の午後で、日常的に年次休暇を取ることはないかもしれません。

私の意識が変わったのは、我が子が生まれたときでした。育児のために強制的に勤務時間が区切られたのです。「小学6年担任で今の働き方では、仕事が終わらないだろう」と思っていました。しかし、**「この時間に絶対に帰る」という気持ちをもつ**と、これが意外とうまく回っていったのです。

小学6年担任だからこそ協働する

時間が区切られたことで強くなった意識は、**仕事にかかる時間を把握**することでした。放課後の丸つけ、授業の準備、教室の掲示物の確認、行事予定の記入等そういったことを整理していくうちに、こういった仕事を**子どもたちと協働**できることに気がつきました。

> 仕事を細かく分類する
> ↓
> 児童との協働で効果的にできる部分を洗い出す
> ↓
> できる仕事を15分で刻む

このステップを踏むことで、**放課後の時間に何ができ**

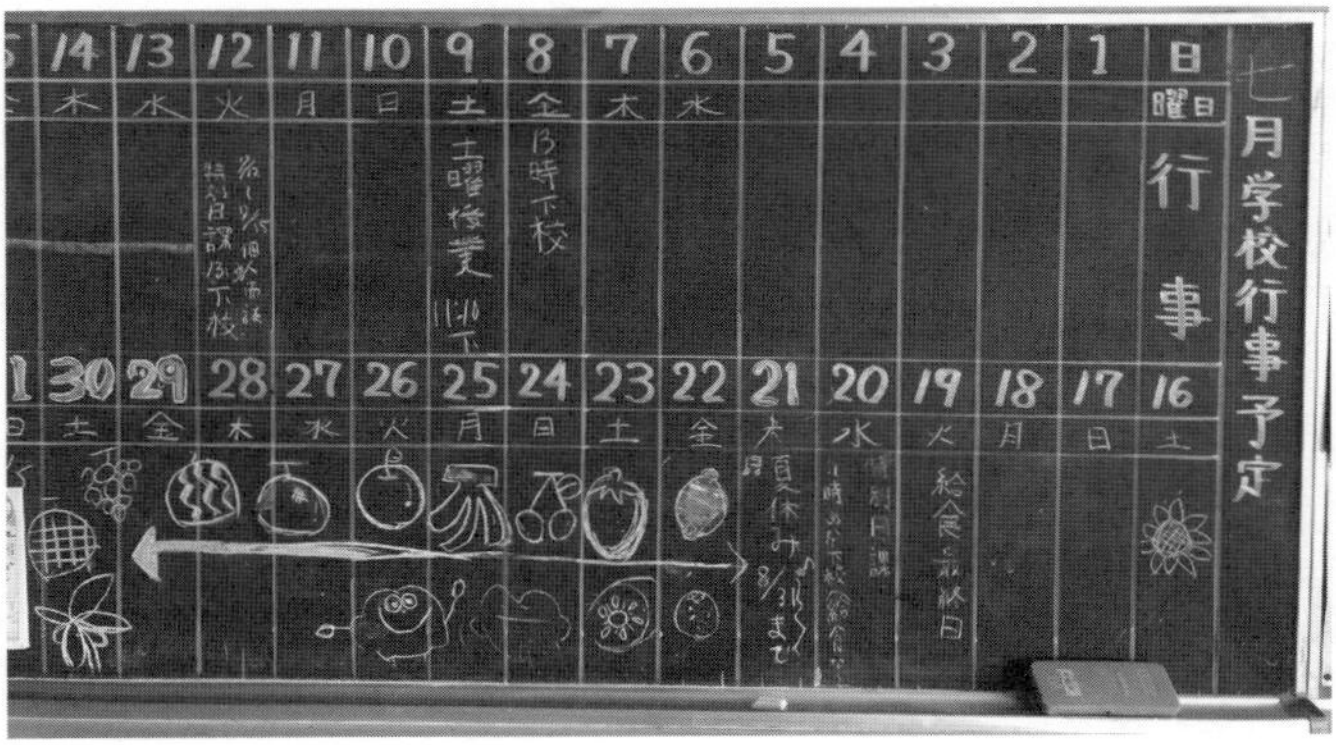

るのかを意識できるようになりました。そして、残りの時間に最優先ですべきことが終わったときに、**「よし、今日は年次休暇をとって早く帰ろう」**と思考が回るようになったのです。

好循環を意識する

定時退勤する→家でゆったりと過ごす→9時に寝て4時に起きる→集中して仕事に励む→定時退勤する」という好循環をどう生み出すのか。**年次休暇をとるというのは、自分の仕事にアクセントをつける**であるように思っています。

今、6年生担任でうまくいかずに苦しんでいる方がたくさんいると思います。私もその一人だったときがありました。「遅くに退勤する→12時に寝て5時に起きる→集中できない、トラブルも起きる→放課後はそれらの対応に追われる→遅くに退勤する」。この悪循環を打破するには**長期休業に突入するまで頑張る**か、**年次休暇をこの循環に取り入れる**かだと思います。**6年生担任だからこそ、気負いしすぎず、健康に気をつけて、コンディションを維持することも必要**です。

古舘の視点

試験的に帰る

みなさんは、ご自身の年次休暇が何日残っているか、同僚と話したことがありますか。

私は、令和４～５年度の１年間で21日と７・７時間の年次休暇を取得し、６日と０時間を繰り越しました。単純計算すると、２００日間の勤務において１時間ずつ１７５日間取得した計算になります。

繰り越しが６日間しかないということは、もう何年も「年間20日」を使い切っていることになります（６年生を７連続で担任しても、それが可能だという事実です）。

だからと言って、無理に年次休暇を取得する必要はありません。仕事がしたいと思えばそれでいいのです。大切なのは、「取りたいときにいつでも取れるんだ」という心構えをもっておくことです。「私は年次休暇が取れるくらい仕事を回せている」という心理的な余裕です。上園さんが「気のもちようだ」というように、仕事自体はなんとでもなります。

年次休暇の取り方は帰ると決めて帰るだけです。決められないから帰れないのです。

ぜひ、「年次休暇を取ってみた」のような試験的な使い方をしてみてください。

60 こうやって誇りをもとう

過去・現在・未来がある

「あの子、本当に成長したよね」そんな言葉をかけていただくことがあります。しかし、その成長は、６年担任の力だけで生まれたものではありません。これまでの学校生活で関わってくださったすべての先生方や保護者の方の努力があってこその現在だということを忘れてはいけません。

現在地がどうであれ、たくさんの人の支えや思いがあって、成長してきた子どもたちです。そんな子どもたちの大事な節目を任せてもらっていると考えることができれば、自然と感謝の心が生まれます。そして、**６年担任としての誇りが生まれ**ます。

「ありがとう」を伝え続ける

卒業式後の最後の学級活動。子どもたちに対して「みなさんの担任をさせてもらったことを誇りに思います」と伝えました。そして、その言葉を伝えているとき、心の中で自然に「ありがとう」とつぶやいていました。

子どもたちの姿を見ていると、「ありがとう」と伝えたくなる場面で溢れているはずです。私は日頃からたくさんの「ありがとう」を伝えるようにしています。「心から」のありがとうです。また、言葉で直接伝えることはもちろんですが、次のような方法も使っていました。

ありがとうの伝え方5選

・ノートの朱書き　・メッセージカード

・付箋紙　・誕生日カード　・保護者への電話

ときには、「出会ってくれてありがとう」という照れくさい言葉を伝えることもあります。6年生だからこそ、心からの「ありがとう」がより深く伝わると思います。そして、心からの「ありがとう」の積み重ねが、子どもたちを誇りに思う気持ちにつながります。

自分らしく在る

3年間持ち上がりで担任した6年生が、次のような言葉を贈ってくれました。
「約3年間過ごしている中で、私たちのことを理解し、信じてくれたからこそ、指導の仕方や教育を少しずつ変えてくれていると感じました」

私は、自分の軸を大切にしながらも、目の前の子どもたちに合わせて教師自身が変わっていかなければならないと思っています。それが、私にとっての「自分らしく在る」ということです。

そのようにして、自分らしく在り続け、本気で子どもたちと向き合おうという気持ちさえあれば、自慢の子どもたちになります。そして、子どもたちのことを誇りに思えるようになるはずです。

古舘の視点

どこに出しても恥ずかしくない子どもたち

授業研、校内研、実践発表など、あらゆる場所に子どもたちの事実を出します。堂々と出します。そこに恥ずかしさはありません。毎日懸命に生きている子どもたちの成長は尊いからです。何時間でも語れます。そんなとき、誇らしいなあと実感します。

自信はありません。もっとすごい教室をつくっている先生がいるからです。はるかに高い次元で実践を展開している先生がいるからです。そこに比べたら、まだまだ未熟な実践で、磨きをかける必要があるでしょう。

でも、恥ずかしいとも思いません。どこに出しても自慢できます。今の自分にできる全力を注いだからです。その結果が、子どもたちの姿だからです。ある意味、子どもたちの姿は自分の写し鏡です。「育てたように子は育つ」のだと思います。

逆に言えば、中途半端、パッチワーク的な実践しかしていないから、自信も誇りももてないのかもしれません。恥ずかしいのは、子どもの事実ではなく自分自身の在り方です。

前田先生の「ありがとう」には、ハウツー以上の温かさがあるように感じました。

あとがき

この本を書いているとき、誕生日を迎えました。ちょうど40歳になりました。もう何年担任をもてるかわからない、そんな現実が近づいている歳に足を踏み入れました。

そんな中、先生方の実践がたくさん手元に届きました。素敵な実践がたくさん並びました。自分にはなかった発想、考え方、手法やアプローチに出会いました。たくさん学ばせていただきました。改めて、「6担」って素敵だなと思えました。

同時に、先生方の教室を思い浮かべました。この実践の裏にいる子どもたちの姿を想像しました。きっと、先生方と笑顔で過ごしているのだろうと思いましたし、「ああ、こうやって若い頃に教室と向き合ったら、もう少し子どもたちを成長させられたかもしれない」と、ちょっぴり羨ましくも感じました。

本書は7名の先生方と一緒に書き上げてきた本です。

一冊の本を複数のメンバーで書き上げていく営みは大変なものでしたが、同時に新しい発見がたくさんありました。

お読みになった先生方はどんな感想をおもちになったでしょうか。「明日やってみよう」と付箋を貼ったでしょうか。「これ、大事だよな」と蛍光ペンを走らせたでしょうか。また、「アレンジしてみよう」とノートに構想を練ったでしょうか。

まえがきにも書きましたが、これらの実践は、先生方が学級の実態に向き合ってこそ生まれた事実です。ぜひ、そうした背景を想像しながら、本書とあなたの間にある「何か」に目を向けていただけると幸いです。

最後に、本書の執筆にご協力いただいた上園雄太先生、岡雅昭先生、小宗真先生、笹部裕也先生、前田凜太郎先生、三浦佑之助先生、山中大祐先生の7名には、心より感謝申し上げます。先生方の言葉一つ一つに大きなマインドを感じましたし、小手先ではない、骨太の実践だと受け止めました。ぜひこれからも、身近な先生方へその心構えを示していただきたいと思います。

本書は『小学6年担任のマインドセット』(明治図書)の実践編として位置付けた一冊です。この60本の実践が、全国の6担にとって子どもたちとのコミュニケーションのきっかけとなることを願い、あとがきとさせていただきます。

古舘　良純

【編著者紹介】
古舘　良純（ふるだて　よしずみ）
1983年岩手県生まれ。現在，岩手県花巻市の小学校勤務。近隣の学校で校内研修（道徳）の講師を務めたり，初任者研修の一環等で道徳授業を公開したりしている。バラスーシ研究会，菊池道場岩手支部に所属し，菊池道場岩手支部長を務めている。
著書に『小学６年担任のマインドセット』『子どもと教師を伸ばす学級通信』（単著），『授業の腕をあげるちょこっとスキル』（共著）等がある。

【執筆者紹介】（執筆順）
上園　雄太（千葉県野田市立七光台小学校）
岡　　雅昭（兵庫県尼崎市立立花北小学校）
小宗　　真（岡山県瀬戸内市立邑久小学校）
笹部　裕也（岡山県玉野市立宇野小学校）
前田凜太郎（佐賀県伊万里市立東山代小学校）
三浦佑之助（神奈川県横浜市立浅間台小学校）
山中　大祐（和歌山県田辺市立会津小学校）

続・小学６年担任のマインドセット

2024年２月初版第１刷刊　©編著者　古　舘　良　純
発行者　藤　原　光　政
発行所　明治図書出版株式会社
http://www.meijitosho.co.jp
（企画）茅野　現（校正）養田もえ
〒114-0023　東京都北区滝野川7-46-1
振替00160-5-151318　電話03(5907)6702
ご注文窓口　電話03(5907)6668
＊検印省略
組版所　長野印刷商工株式会社

Printed in Japan　ISBN978-4-18-325824-3